Tiendas Online: Todo lo que necesitas saber para triunfar en el mundo digital

Conviértete en un experto en ventas

Consejos y Estrategias

PABLO ARMENGOT FALCÓ

A mis padres Manolo y Rosalía, por estar siempre ahí

A mi mujer Maribel, por su apoyo incondicional

A mis hijas Isabel y Claudia, por siempre hacerme feliz

ÍNDICE

Parte 5: Promoción de la tienda online

Parte 6: Promoción en redes sociales

Parte 7: Fidelización de clientes y atención al cliente

Parte 8: Análisis de los resultados de la tienda online

Parte 9: Monetización de la tienda online

Parte 10: Optimización y mejoras continúas

Parte 11: Errores comunes y cómo evitarlos

Parte 12: Legalidad y seguridad

Parte 13: Recomendaciones finales

PARTE 1: INTRODUCCIÓN

CAPÍTULO 1
¿POR QUÉ CREAR UNA TIENDA ONLINE?

La tienda online es una de las opciones más populares para los emprendedores que buscan generar ingresos a través de internet. Esto se debe a la amplia audiencia que se puede alcanzar, a la comodidad que supone tanto para el comprador como para el vendedor y al potencial de negocio que ofrece. Pero antes de hablar de las razones por las que alguien puede decidir crear una tienda online, es importante entender qué es una tienda online y cómo funciona.

Una tienda online o tienda en línea es un sitio web que ofrece productos o servicios para la venta a través de internet. Las tiendas online pueden ser de diferentes tamaños y complejidades, desde pequeñas tiendas de nicho (segmento del mercado) hasta grandes tiendas que ofrecen una amplia variedad de productos. Las tiendas online pueden ser administradas por una sola persona o por un equipo de trabajo, y se pueden vender productos propios o productos de terceros. Además, las tiendas online pueden ser de diferentes tipos: desde tiendas que se centran en la venta de productos físicos hasta tiendas que ofrecen productos digitales, como ebooks o cursos en línea.

A continuación, te presento algunas de las razones por las que alguien puede decidir crear una tienda online:

- **Acceso a una amplia audiencia**

Una de las principales ventajas de una tienda online es que permite llegar a una audiencia mucho más amplia que una tienda física. Una tienda online puede ser vista por personas de todo el mundo, y por tanto, llega a un público más amplio que una tienda física que solo está presente en un lugar determinado.

- **Comodidad y conveniencia**

Otra razón por la que alguien puede decidir crear una tienda online es la comodidad y conveniencia que ofrece. Tanto para el comprador como para el vendedor, una tienda online supone una opción más cómoda que una tienda física. Para el comprador, ya que una tienda online permite comprar desde la comodidad del hogar, sin tener que desplazarse físicamente a una tienda, y, para el vendedor, una tienda online permite gestionar las ventas desde cualquier lugar, sin tener que estar presente físicamente en la tienda.

- **Potencial de negocio**

Otra de las razones por las que alguien puede decidir crear una tienda online es el potencial de negocio que ofrece. Este tipo de negocio puede generar ingresos las 24 horas del día, los 7 días de la semana, sin importar la ubicación geográfica del comprador o del vendedor. Además, una tienda online permite una mayor escalabilidad que una tienda física, lo que significa que se pueden vender más productos sin necesidad de ampliar el espacio físico de la tienda.

- **Flexibilidad**

Una tienda online también ofrece una mayor flexibilidad que una tienda física. En las tiendas físicas, las horas de apertura y cierre están limitadas por el horario comercial. Sin embargo, en una tienda online, se pueden recibir pedidos y realizar ventas en cualquier momento del día, lo que permite una mayor flexibilidad en la gestión del negocio.

- **Reducción de costes**

Este tipo de negocio también puede suponer una reducción de costes en comparación con el formato físico de las mismas. En una tienda física, se necesitan pagar alquiler, suministros, mantenimiento y otros gastos fijos. En una tienda online, en un principio, y sin contar muchos temas de los que hablaremos más tarde en el libro, los costes fijos suelen ser mucho más reducidos, lo que permite una mayor rentabilidad.

- **Mejora de la experiencia del cliente**

Una tienda online también puede mejorar la experiencia del cliente en comparación con una tienda física, pues permite una mayor personalización en la experiencia de compra, lo que puede mejorar la satisfacción del cliente y fomentar la fidelización. Además, una tienda online permite una mayor facilidad en la gestión de los pedidos y en la entrega de los productos, y esto contribuye a mejorar la experiencia del cliente y reducir el tiempo de espera.

- **Análisis y seguimiento de datos**

Otra ventaja de este tipo de negocio es la posibilidad de analizar y hacer seguimiento de datos. A través de herramientas de análisis web, se pueden obtener datos sobre el comportamiento de los clientes, las ventas y otros aspectos importantes del negocio. Estos datos pueden ser utilizados para tomar decisiones y mejorar el rendimiento de la tienda online.

- **Tendencia hacia el comercio electrónico**

Por último, una de las razones más importantes por las que alguien puede decidir crear una tienda online es la tendencia hacia el comercio electrónico. Cada vez más personas prefieren comprar productos en línea en lugar de hacerlo en un establecimiento físico. Esto se debe a la comodidad, a la facilidad de comparar precios y a la amplia variedad de productos que se pueden encontrar en línea. Por lo tanto, una tienda online puede suponer una oportunidad para aprovechar esta tendencia y llegar a un público cada vez más amplio.

Por todo ello, existen muchas razones por las que alguien puede decidir crear una tienda online. Desde el acceso a una audiencia más amplia hasta la comodidad y conveniencia que ofrece, pasando por el potencial de negocio y la reducción de costes. Además, la tendencia hacia el comercio electrónico hace que una tienda online sea una opción cada vez más atractiva para los emprendedores que buscan generar ingresos a través de internet.

CAPÍTULO 2
EL COSTE DE LA PROMOCIÓN: SEO, SEM Y REDES SOCIALES

El coste de la promoción es uno de los puntos más importantes a considerar al crear una tienda en línea. A menudo, los emprendedores subestiman cuánto cuesta promocionar su negocio en línea, lo que puede llevar a problemas económicos y a la falta de rentabilidad. Es importante que se haga hincapié en la importancia de tener una estrategia de promoción sólida y bien planificada, para que los emprendedores puedan tomar decisiones y evitar errores que puedan salir muy caros.

La promoción en línea debe incluir una variedad de estrategias y canales de marketing, cada uno con su propio coste y eficacia. A continuación, profundizaremos en los tres principales métodos de promoción en línea para tiendas en línea: SEO, SEM y redes sociales.

SEO

La optimización en motores de búsqueda (SEO) es el proceso de mejorar el posicionamiento de una página web en los resultados de búsqueda, fundamentalmente en Google, ya que es el motor de búsqueda más utilizado en la mayoría de paises. El objetivo del SEO es aumentar el tráfico orgánico hacia la tienda en línea a través de la mejora de la visibilidad en los motores de búsqueda. El SEO implica la identificación de las palabras clave adecuadas para el negocio y la optimización del contenido de la página web para que sea fácilmente detectable por los motores de búsqueda.

La ventaja del SEO es que una vez que se ha hecho la inversión inicial, puede seguir generando tráfico orgánico a largo plazo sin coste adicional. Sin embargo, el SEO es un proceso a largo plazo que puede tardar meses en producir resultados, o incluso años. Además, el SEO requiere una inversión significativa de tiempo y esfuerzo, ya que requiere la creación de contenido de alta calidad y la identificación constante de las palabras clave adecuadas para el negocio. Como tal, el SEO no es una estrategia de promoción gratuita, aunque puede llegar a ser menos cara que otras formas de promoción en línea.

SEM

El marketing de motores de búsqueda (SEM) es una forma de publicidad en línea que implica la colocación de anuncios en los resultados de búsqueda, y al igual que en SEO, la publicidad SEM más utilizada es en el buscador de Google. Los anuncios SEM se pagan por clic, lo que significa que solo se paga cuando alguien hace clic en el anuncio. El SEM es una forma rápida y efectiva de generar tráfico a una tienda en línea, ya que los anuncios pueden aparecer en los primeros resultados de búsqueda de Google.

Sin embargo, el SEM puede ser muy caro, especialmente si se compite con otras empresas para los mismos términos de búsqueda. Además, el SEM puede ser difícil de manejar, ya que se requiere un buen conocimiento de la plataforma de publicidad de Google Ads para crear anuncios efectivos. Por lo tanto, el SEM puede ser una estrategia de promoción muy cara si no se planifica y ejecuta adecuadamente.

Figura 2.1 Ejemplo de anuncio en una búsqueda en Google

Redes sociales

Las redes sociales, como Facebook e Instagram, pueden ser una buena forma de promocionar una tienda en línea. Las redes sociales permiten llegar a una audiencia específica y muy segmentada, lo que puede mejorar la efectividad de la publicidad. Además, las redes sociales pueden ser menos caras que otros métodos de promoción en línea.

Sin embargo, la publicidad en redes sociales también puede ser cara, especialmente si se desea llegar a una audiencia amplia. Además, las redes sociales pueden ser complicadas de manejar, ya que requieren la creación de contenido de alta calidad y una comprensión profunda de la audiencia y de las tendencias de la plataforma. Por lo tanto, la promoción en redes sociales también requiere de una inversión significativa de tiempo y esfuerzo.

Consejos para la promoción en línea

Antes de elegir una estrategia de promoción en línea, es importante considerar varios factores para evitar costes innecesarios y maximizar el retorno de inversión. A continuación, se presentan algunos consejos para la promoción en línea de una tienda en línea:

- Tener un presupuesto adecuado: es importante tener un presupuesto adecuado para la promoción en línea, incluyendo los costes de publicidad, de los servicios de marketing y de la creación de contenido. El presupuesto debe ser realista y basado en el tipo de negocio, la competencia y los objetivos de la tienda en línea.

- Elegir la estrategia adecuada: es importante elegir la estrategia de promoción que mejo se adecúe para el tipo de tienda en línea que se está creando. Se debe considerar el tipo de productos que se venden, la competencia, el presupuesto y los objetivos de la tienda.

- Medir y analizar los resultados: es importante medir y analizar los resultados de la promoción en línea para identificar qué estrategias son efectivas y cuáles no. Esto puede ayudar a tomar decisiones sobre cómo se debe gastar el presupuesto de la promoción.

- Planificar la estrategia a largo plazo: es importante planificar la estrategia de promoción en línea a largo plazo para evitar costes innecesarios y maximizar el retorno de inversión. Esto implica establecer metas claras y medibles, y planificar las estrategias y los presupuestos en consecuencia.

- No descuidar el SEO: aunque el SEO puede ser una estrategia a largo plazo, es importante no descuidarlo ya que puede generar tráfico orgánico a largo plazo sin coste adicional. Es importante invertir tiempo y esfuerzo en la optimización de motores de búsqueda para maximizar la visibilidad de la tienda en línea.

- Trabajar con profesionales: para maximizar la efectividad de la promoción en línea, es importante trabajar con profesionales que tengan experiencia en SEO, SEM y redes sociales. Los profesionales pueden ayudar a planificar y ejecutar una estrategia de promoción efectiva, lo que puede maximizar el retorno de inversión, y en muchos casos puede ser más rentable pagar sus servicios que realizarlo nosotros mismos.

En resumen, la promoción en línea es una parte esencial de la creación de una tienda en línea y puede ser muy cara si no se planifica y ejecuta adecuadamente. Los emprendedores deben considerar cuidadosamente el coste y la efectividad de diferentes estrategias de promoción antes de tomar una decisión. Además, es importante planificar la estrategia a largo plazo y medir y analizar los resultados para maximizar el retorno de inversión y evitar costes innecesarios.

CAPÍTULO 3
¿CÓMO LOGRAR QUE UNA TIENDA ONLINE SEA RENTABLE?

Crear una tienda en línea es una excelente manera de expandir un negocio y llegar a nuevos clientes en todo el mundo. Sin embargo, para que una tienda en línea sea rentable, se necesitan estrategias y tácticas efectivas para atraer a los clientes y aumentar las ventas. A continuación, se presentan algunas de las mejores estrategias para lograr que este tipo de negocio sea rentable.

Enfoque en el cliente

Uno de los factores más importantes para lograr que una tienda en línea sea rentable es enfocarse en el cliente. Es importante crear una experiencia de compra agradable y fácil para el cliente, lo que puede aumentar la satisfacción y fidelización del mismo. Esto puede lograrse a través de una variedad de tácticas, como una navegación fácil y clara, una presentación de productos clara y atractiva y una atención al cliente excelente. De todo ello hablaremos más adelante.

Además, es importante tener en cuenta que cada sector tiene una competencia diferente, y esto puede afectar a la capacidad de la tienda en línea para atraer y retener clientes. En algunos sectores, puede ser más difícil competir debido a la alta competencia, lo que puede aumentar los costes de promoción y venta. En estos casos, es importante enfocarse aún más en las necesidades y deseos del cliente para asegurar una experiencia de compra satisfactoria.

Maximizar la visibilidad

La visibilidad es fundamental para atraer a los clientes a nuestro negocio en línea. Es importante asegurarse de que la tienda en línea sea fácilmente accesible y visible en los motores de búsqueda y en las redes sociales. Como ya hemos comentado, ésto se puede lograr a través de una combinación de estrategias de SEO, SEM y publicidad en redes sociales, tal y como analizamos a continuación con mayor detalle.

La optimización de motores de búsqueda (SEO) es una estrategia clave para aumentar la visibilidad de la tienda en línea en los resultados de búsqueda de los motores de búsqueda como Google. Para optimizar la tienda en línea para los motores de búsqueda, es importante utilizar palabras clave relevantes, optimizar el contenido y los metadatos de la tienda en línea, y asegurarse de que la tienda en línea sea fácil de navegar para los clientes.

La publicidad en motores de búsqueda (SEM) puedes ser otra buena estrategia para aumentar tu visibilidad. Los anuncios pagados en los motores de búsqueda pueden ser una excelente manera de llegar a los clientes que buscan productos o servicios similares a los que se ofrecen en la tienda en línea. Es importante invertir en anuncios de alta calidad y relevantes para maximizar su efectividad.

Las redes sociales son otra herramienta importante para aumentar la visibilidad del negocio en línea. Las redes sociales como Facebook e Instagram ofrecen una gran cantidad de oportunidades para promocionar productos y servicios y atraer a los clientes. Es importante crear contenido de alta calidad y relevante que resuene con los clientes y promover la tienda en línea a través de anuncios y publicaciones orgánicas, todo esto lo veremos en profundidad en próximos capítulos.

Ofrecer productos de calidad y atractivos

Los productos que se venden en la tienda en línea deben ser de alta calidad y atractivos para el cliente. Es importante asegurarse de que los productos sean de alta calidad y que cumplan con las expectativas del cliente. Además, se deben ofrecer productos atractivos que sean únicos y difíciles de encontrar en otros lugares.

Para lograr esto, es importante tener una sólida comprensión del mercado en el que se opera y las necesidades y deseos de los clientes. Es importante, por tanto realizar una investigación de mercado detallada puede ayudar a identificar las tendencias del mercado y las oportunidades para ofrecer productos únicos y atractivos que resuenen con los clientes.

Ofrecer precios competitivos

El precio es un factor clave en la decisión de compra del cliente. Es importante ofrecer precios competitivos y justos, que se ajusten a la calidad del producto y que sean atractivos para el cliente. Para ello se debe realizar una investigación de mercado para asegurarse de que los precios ofrecidos en nuestra tienda en línea sean competitivos y atractivos para el público.

Hay que tener en cuenta que en algunos casos, puede ser necesario ajustar los precios de forma regular para mantenerse competitivo en el mercado y atraer a los clientes. Por ello, se debe estar atento a las fluctuaciones del mercado y ajustar los precios en consecuencia.

Reducir los costes

Reducir los costes es un factor importante para lograr que una tienda en línea sea rentable. Es importante reducir los costes fijos y variables para aumentar la rentabilidad de la tienda. Esto se puede lograr a través de una variedad de estrategias, como la reducción de los costes de envío, la reducción de los costes de publicidad (aunque esto muchas veces puede ser contraproducente) y la reducción de los costes de procesamiento de pagos (comisiones de Paypal, Stripe, Redsys, etc.).

Tarifa estándar por recibir transacciones nacionales

Tipo de transacción	Tarifa
Forma de pago alternativa (APM)	Se aplican las tarifas de transacciones de APM
Pago realizado con tarjeta por un usuario de nuestras Condiciones de los pagos sin cuenta PayPal	1,20% + tarifa fija
Transacciones con códigos QR (a partir de 10,01 EUR)	0,90% + tarifa fija
Transacciones con códigos QR (hasta 10,00 EUR)	1,40% + tarifa fija
Todas las demás transacciones comerciales	2,90% + tarifa fija

Figura 3.1 Ejemplo de comisiones de Paypal

Se deben encontrar maneras de optimizar los procesos y reducir los costes sin comprometer la calidad del producto o la experiencia del cliente. La automatización de procesos y la implementación de herramientas de gestión de inventario y análisis de datos pueden ayudar a reducir los costes y aumentar la eficiencia de la tienda en línea.

Ofrecer promociones y descuentos

Las promociones y descuentos pueden ser una excelente manera de atraer a los clientes y aumentar las ventas. Se pueden realizar a través de una variedad de tácticas, como descuentos en la primera compra, descuentos en la compra en grandes cantidades y ofertas especiales para clientes leales.

Es importante asegurarse de que las promociones y descuentos sean relevantes y atractivos para el cliente. La investigación de mercado puede ayudar a identificar las mejores estrategias para ofrecer promociones y descuentos que resuenen con los clientes y aumenten las ventas. En muchas ocasiones estudiar una estrategia de promociones y descuetnos puede llegar a ser determinante en la rentabilidad.

Medir y analizar los resultados

Es importante medir y analizar los resultados de la tienda en línea para determinar qué tácticas son efectivas y cuáles no. Esto puede ayudar a tomar decisiones sobre cómo mejorar la rentabilidad de la tienda y cómo ajustar las estrategias de promoción y publicidad en consecuencia.

La medición de los resultados puede incluir el seguimiento de las ventas y los ingresos, la identificación de las fuentes de tráfico y la evaluación de la eficacia de las campañas de publicidad y promoción. La recopilación y análisis de datos puede ayudar a identificar oportunidades para mejorar la rentabilidad de la tienda en línea y aumentar las ventas. Todo esto lo veremos más adelante detalladamente.

Fidelizar al cliente

La fidelización del cliente es un factor clave para lograr que una tienda en línea sea rentable. Es importante mantener una relación a largo plazo con el cliente y asegurarse de que esté satisfecho con su experiencia de compra. Esto se puede lograr a través de una variedad de tácticas, como ofrecer promociones especiales para clientes leales, brindar un excelente servicio al cliente y ofrecer productos de calidad.

El mantenimiento de una base de clientes leales puede ser una fuente valiosa de ingresos recurrentes para la tienda en línea. Es importante mantener una comunicación abierta y regular con los clientes y responder a sus necesidades y preocupaciones de manera rápida y efectiva.

Optimizar los procesos de la tienda

Es importante optimizar los procesos de la tienda en línea para maximizar la eficiencia y reducir los costes. Esto se puede lograr a través de la implementación de una variedad de herramientas y estrategias, como la automatización de procesos de pago, la optimización de la gestión de inventario y la implementación de herramientas de análisis de datos.

La automatización de procesos puede ayudar a reducir los errores y aumentar la eficiencia de la tienda en línea. La implementación de herramientas de gestión de inventario puede ayudar a mantener un control más preciso de los niveles de inventario y reducir los costes de almacenamiento y envío.

Planificar a largo plazo

Es importante planificar a largo plazo para lograr que una tienda en línea sea rentable. Esto implica establecer metas claras y medibles y planificar las estrategias y los presupuestos en consecuencia. Además, es importante realizar una evaluación constante de la rentabilidad de la tienda y ajustar las estrategias.

La planificación a largo plazo puede ayudar a la tienda en línea a mantenerse enfocada en sus objetivos y a tomar decisiones sobre cómo invertir recursos y presupuestos. Es importante estar atento a las tendencias del mercado y a las necesidades y deseos cambiantes de los clientes para adaptar las estrategias del negocio en línea en consecuencia.

Crear una tienda en línea rentable puede ser un desafío, pero siguiendo estas estrategias clave, los emprendedores pueden aumentar las ventas y reducir los costes para maximizar la rentabilidad de la tienda en línea. Es importante enfocarse en el cliente, maximizar la visibilidad, ofrecer productos de calidad y atractivos, ofrecer precios competitivos, reducir los costes, ofrecer promociones y descuentos, medir y analizar los resultados, fidelizar al cliente, optimizar los procesos de la tienda y planificar a largo plazo para lograr el éxito a largo plazo en el comercio electrónico. Aunque puede haber desafíos en algunos sectores debido a la alta competencia, al seguir estas estrategias, se pueden superar estos obstáculos y lograr que una tienda en línea sea rentable.

CAPÍTULO 4
POR QUÉ WOOCOMMERCE ES UNA BUENA OPCIÓN

Crear una tienda en línea es una de las mejores formas de iniciar un negocio y llegar a una audiencia global. Sin embargo, encontrar la plataforma de comercio electrónico adecuada para su tienda puede ser un desafío. Existen muchas opciones disponibles en el mercado, cada una con sus propias ventajas y desventajas. Entre estas opciones, WooCommerce se destaca como una de las mejores plataformas de comercio electrónico disponibles en el mercado actualmente, y es una de las más utilizadas.

En este punto, vamos a analizar por qué WooCommerce es una excelente opción para crear una tienda en línea y por qué consideramos que es una opción superior a otras plataformas de comercio electrónico. A continuación veremos las características y beneficios clave de WooCommerce y cómo se compara con otras opciones de tiendas en línea disponibles en el mercado.

Características y beneficios clave de WooCommerce

- **Integración con WordPress**

WooCommerce es una plataforma de comercio electrónico que se integra perfectamente con WordPress. Esto significa que los usuarios pueden aprovechar sus ventajas y su popularidad, el CMS más popular del mundo, para crear su tienda en línea. La integración con WordPress también significa que los usuarios pueden personalizar fácilmente el negocio en línea de acuerdo con sus necesidades específicas, utilizando una amplia variedad de plugins y temas de WordPress.

Figura 4.1 Escritorio del panel de administración de Wordpress

- **Facilidad de uso**

Una de las principales ventajas de WooCommerce es su facilidad de uso. La plataforma es fácilmente accesible para aquellos que ya están familiarizados con WordPress y cuenta con una interfaz intuitiva y fácil de usar que permite a los usuarios crear una tienda en línea en pocos pasos.

- **Amplia variedad de temas y plantillas**

WooCommerce cuenta con una amplia variedad de temas y plugins que permiten a los usuarios personalizar la apariencia de la tienda en línea y agregar nuevas funcionalidades. Los temas y plugins disponibles en Wordpress para WooCommerce están diseñados específicamente para tiendas en línea y permiten a los usuarios agregar funcionalidades como pagos con tarjeta de crédito, envío de pedidos, integración con redes sociales, entre otras muchas.

Figura 4.2 Temas en Wordpress

- **Amplia variedad de opciones de pago**

WooCommerce ofrece una amplia variedad de opciones de pago que pueden ampliarse mediante plugins, lo que permite a los usuarios ofrecer a sus clientes varias formas de pago, incluyendo tarjeta de crédito (por ejemplo mediante Redsys), PayPal, Stripe, transferencia bancaria y otros métodos de pago en línea. Además, la plataforma es altamente personalizable, lo que permite a los usuarios personalizar fácilmente la apariencia de la tienda en línea, cambiar el diseño de las páginas y añadir funcionalidades adicionales a través de una amplia variedad de plugins y extensiones.

- **Escalabilidad**

WooCommerce es altamente escalable y puede manejar tanto tiendas en línea pequeñas como grandes. La plataforma se adapta fácilmente a medida que la tienda en línea crece y se desarrolla y se puede personalizar fácilmente según las necesidades específicas de cada negocio.

- **Comunidad y soporte**

WooCommerce cuenta con una gran comunidad de usuarios y desarrolladores, lo que significa que hay una gran cantidad de recursos y soporte en línea disponibles para los usuarios. La plataforma también cuenta con una gran cantidad de documentación en línea y foros de soporte que permiten a los usuarios acceder a una gran cantidad de información y ayuda en línea para resolver problemas o personalizar su tienda en línea. Youtube, por ejemplo, cuenta con miles de videotutoriales que ayudarán al usuario con casi cualquier tema de WooCommerce.

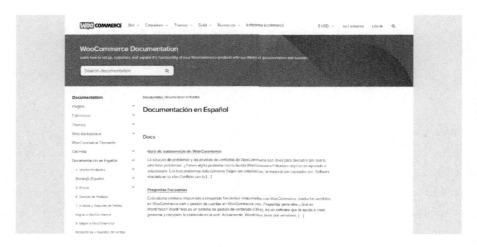

Figura 4.3 Documentación de WooCommerce en su página oficial

Comparación con otras opciones de tiendas en línea

Si bien WooCommerce es una excelente opción para crear una tienda en línea, también hay otras opciones de tiendas en línea disponibles en el mercado, como Shopify, Adobe Commerce y Prestashop. A continuación, vamos a comparar WooCommerce con estas opciones y ver por qué es mejor en muchas ocasiones.

- **Shopify**

Shopify es una de las plataformas de comercio electrónico más populares del mercado, y es conocida por su facilidad de uso y su gran cantidad de funcionalidades. Sin embargo, una de las principales desventajas de Shopify es que es una plataforma de pago, lo que significa que los usuarios tienen que pagar una tarifa mensual para utilizar la plataforma. Además, Shopify ofrece menos flexibilidad en términos de personalización y opciones de integración que WooCommerce.

Figura 4.4 Página de Shopify

Por otro lado, WooCommerce es gratuito y de código abierto, lo que significa que los usuarios pueden descargar y utilizar la plataforma sin tener que pagar. Además, WooCommerce ofrece una gran cantidad de opciones de personalización y flexibilidad en términos de integración y funcionalidades, mucho más que Shopify, lo que supone una gran ventaja en términos de personalización.

- **Magento**

Magento Open Source (Magento) y su versión mejorada en la nube, Adobe Commerce, es otra plataforma popular de comercio electrónico que es conocida por su escalabilidad y su amplia variedad de funcionalidades. Sin embargo, una de las principales desventajas de Magento es que es más compleja de usar que WooCommerce y requiere conocimientos técnicos más avanzados para personalizar y configurar la tienda en línea. Además, en Magento la mayoría de plugins son de pago, por lo que en líneas generales, requiere un mayor nivel de inversión.

Figura 4.5 Página de Magento Open Source

Por otro lado, WooCommerce es fácil de usar y personalizar, y ofrece una amplia variedad de funcionalidades y opciones, lo que lo hace superior a Magento en términos de accesibilidad y flexibilidad para el público en general.

- **Prestashop**

Ambas plataformas de comercio electrónico, WooCommerce y PrestaShop, son opciones populares para crear una tienda en línea. Sin embargo, WooCommerce es considerada una opción con más ventajas por varias razones. En primer lugar, WooCommerce se integra perfectamente con WordPress, el CMS más popular del mundo, lo que lo hace más flexible y personalizable en términos de diseño y funcionalidades. En segundo lugar, WooCommerce ofrece una amplia variedad de temas y plugins tanto gratuitos como una gran cantidad de pago, lo que permite a los usuarios personalizar fácilmente su tienda en línea para satisfacer sus necesidades específicas, la gran mayoría de veces sin tener que desembolsar dinero, que a diferencia de Prestashop, donde la mayoría de plugins son de pago. Por último, WooCommerce cuenta con una gran comunidad de usuarios y desarrolladores, muy superior a la de Prestashop, lo que garantiza una gran cantidad de soporte y recursos en línea disponibles para los usuarios.

Figura 4.6 Página de Prestashop

23

Por todo lo anterior, consideramos que WooCommerce es una excelente opción para crear una tienda en línea. Ofrece una amplia variedad de funcionalidades, es fácil de usar y personalizar, es gratuito y de código abierto. Si estás buscando una plataforma de comercio electrónico para tu negocio en línea, WooCommerce es una opción que deberías considerar.

PARTE 2: PREPARACIÓN PARA LANZAR LA TIENDA ONLINE

CAPÍTULO 5
INVESTIGACIÓN DE MERCADO

Una de las claves para el éxito de una tienda online es comprender el mercado en el que se va a operar. Antes de lanzar un negocio en línea, es importante realizar una investigación de mercado para identificar el público objetivo y analizar la competencia. La investigación de mercado es un proceso crítico que permite a los empresarios comprender las necesidades y deseos de sus clientes potenciales, así como también identificar a la competencia y los desafíos que pueden presentarse en el mercado.

En este punto, vamos a analizar cómo realizar una investigación de mercado para identificar el público objetivo y analizar la competencia. Veremos los pasos clave que deben seguirse para realizar una investigación de mercado y cómo aplicar los resultados de la investigación en el desarrollo de una estrategia de marketing.

Identificación del público objetivo

La identificación del público objetivo es uno de los puntos más importantes en la investigación de mercado. El público objetivo es el grupo de personas que tienen más probabilidades de comprar los productos o servicios de la tienda en línea. Identificar al público objetivo adecuado es esencial para el éxito de una tienda en línea, ya que permite a los empresarios enfocarse en las necesidades y deseos de sus clientes potenciales.

Hay varias maneras de identificar al público objetivo. En primer lugar, se puede realizar una investigación de mercado para analizar los datos demográficos y geográficos de los clientes potenciales, como la edad, el género, la ubicación, la educación y el nivel de ingresos.

Además, es importante considerar las necesidades y deseos de los clientes potenciales. ¿Qué productos o servicios están buscando? ¿Qué problemas están tratando de resolver? ¿Qué factores influyen en sus decisiones de compra? Al comprender las necesidades y deseos del público objetivo, se pueden desarrollar estrategias de marketing más efectivas para atraer y retener a los clientes.

Análisis de la competencia

El análisis de la competencia es otro paso clave en la investigación de mercado. El análisis de la competencia es esencial para comprender el mercado en el que se va a operar y para identificar las fortalezas y debilidades de los competidores.

El análisis de la competencia puede incluir la evaluación de los precios, la calidad, la variedad de productos, la marca, la publicidad y la presencia en línea de los competidores. También se pueden analizar las fortalezas y debilidades de los competidores, así como las oportunidades y amenazas que presentan para tu tienda online.

Una buena forma de realizar un análisis de la competencia es visitar los sitios web de los competidores y analizar su estrategia de marketing, sus productos, sus precios y su presencia en las redes sociales. También se pueden analizar las reseñas de los clientes sobre los competidores para comprenderlos mejor en el mercado.

Cómo aplicar los resultados de la investigación de mercado

Una vez que se han identificado el público objetivo y la competencia, es importante utilizar los resultados de la investigación de mercado para desarrollar una buena estrategia de marketing.

La investigación de mercado puede ayudar a los empresarios a comprender mejor las necesidades y deseos de sus clientes potenciales, así como a identificar las fortalezas y debilidades de los competidores. Al aplicar los resultados de la investigación de mercado, se pueden desarrollar estrategias para atraer y retener a los clientes.

Por ejemplo, si se identifica que el público objetivo está interesado en productos ecológicos y sostenibles, se pueden desarrollar estrategias de marketing que enfaticen la sostenibilidad y la responsabilidad social en la producción y venta de los productos. Si se identifica que la competencia tiene precios más bajos, se puede desarrollar una estrategia de precios competitivos o enfocarse en ofrecer productos y servicios únicos y de alta calidad para destacarse en el mercado.

La investigación de mercado también puede ser útil para nuevas oportunidades de negocio. Al identificar las necesidades y deseos de los clientes potenciales, se pueden descubrir nuevas tendencias de mercado o nuevas categorías de productos o servicios que pueden ser rentables y que tengan éxito.

En conclusión, la investigación de mercado es un paso decisivo en la creación de una tienda en línea. La identificación del público objetivo y el análisis de la competencia pueden ayudar a los empresarios a comprender mejor el mercado en el que operan y a desarrollar estrategias de marketing que funcionen. Al aplicar los resultados de la investigación de mercado, se pueden realizar nuevas oportunidades de negocio y desarrollar una tienda en línea que satisfaga las necesidades y deseos de los clientes potenciales.

CAPÍTULO 6
PLANIFICACIÓN DEL PRESUPUESTO

Antes de lanzar una tienda en línea, es esencial planificar cuidadosamente el presupuesto necesario para crear y promocionar la tienda. La planificación del presupuesto es un paso importante en el proceso de creación de una tienda en línea, ya que permite a los empresarios comprender los costes asociados con la creación y promoción de la tienda en línea.

En este punto, vamos a analizar los costes asociados con la creación y promoción de una tienda en línea y cómo planificar el presupuesto para asegurar que la misma sea rentable. Veremos los diferentes costes involucrados en la creación de un negocio en línea, así como los costes de promoción y marketing necesarios para atraer y retener a los clientes.

Costes de creación de una tienda en línea

Los costes de creación de un negocio en linea pueden variar considerablemente dependiendo de los requisitos y necesidades específicas de la misma. En general, los costes de creación de una tienda en línea pueden incluir:

- Diseño y desarrollo web: los costes asociados con el diseño y programación de la tienda en línea, incluyendo la creación de una interfaz de usuario atractiva y funcional, la integración de los sistemas de pago y la personalización de las funcionalidades, entre otras muchas cosas.

- Alojamiento web: los costes asociados con el alojamiento web de la tienda en línea, incluyendo el registro de dominio y la contratación de un servicio de alojamiento web y de correo electrónico.

- Software y plugins: los costes asociados con la compra de software y plugins necesarios para la creación y gestión de la tienda en línea.

- Fotografía y contenido: los costes asociados con la creación de contenido para la tienda en línea, incluyendo fotografía de productos, descripciones de productos y contenido para marketing.

- Servicios de asesoramiento: los costes asociados con la contratación de servicios de asesoramiento y consultoría profesionales para la creación de la tienda en línea, incluyendo servicios de diseño y marketing.

Es importante tener en cuenta que estos costes pueden variar considerablemente dependiendo de las necesidades específicas de la tienda. Por lo tanto, es esencial realizar una planificación cuidadosa y detallada para asegurarse de que se cuenta con los recursos necesarios para crear una tienda en línea y todos los costes que representan para alcanzar los rendimientos esperados.

Costes de promoción y marketing

Una vez que se ha creado la tienda en línea, es esencial promocionarla adecuadamente para atraer y retener a los clientes. Los costes de promoción y marketing pueden variar dependiendo de la estrategia de marketing y publicidad que se utilice.

En general, los costes de promoción y marketing pueden incluir:

- Publicidad en línea: los costes asociados con la publicidad online, como Google Ads o Facebook Ads.
- SEO: los costes asociados con la optimización de motores de búsqueda (SEO), incluyendo la creación de contenido y la optimización de palabras clave.
- Marketing de contenidos: los costes asociados con la creación de contenido de marketing, que pueden incluir blogs, videos y redes sociales.
- Redes sociales: los costes asociados con la creación y gestión de perfiles en las redes sociales, en caso de que se opte por la contratación de una empresa profesional, así como la publicidad en estas redes.
- Email marketing: los costes asociados con la creación y envío de correos electrónicos promocionales y de marketing a los clientes potenciales.

Figura 6.1 Página de la plataforma Mailchimp

Es importante tener en cuenta que los costes de promoción y marketing pueden ser altos, especialmente si se utilizan estrategias de publicidad y marketing de pago. Sin embargo, también hay estrategias de marketing orgánicas que pueden ser muy efectivas y menos caras.

Planificación del presupuesto

Para asegurarse de que la tienda en línea sea rentable, es esencial planificar cuidadosamente el presupuesto necesario para la creación y promoción de la tienda en línea. La planificación del presupuesto debe incluir una estimación detallada de los costes de creación de la tienda en línea, así como los costes de promoción y marketing.

Una vez que se ha identificado el presupuesto necesario, es esencial priorizar los gastos y asignar recursos de manera efectiva para asegurarse de que se cuenta con los recursos necesarios para crear y promocionar la tienda en línea para conseguir los resultados que se desean.

Es importante tener en cuenta que los costes de creación y promoción de una tienda en línea pueden variar considerablemente dependiendo de las necesidades específicas de la tienda en línea y del mercado en el que se va a operar. Por lo tanto, es esencial realizar una investigación de mercado adecuada para comprender los costes asociados con la creación y promoción de una tienda en línea en el mercado específico.

En conclusión, la planificación cuidadosa del presupuesto es otro paso crítico en el proceso de creación de un negocio online. Es esencial comprender los costes asociados con la creación y promoción de una tienda en línea y asignar recursos de manera efectiva para asegurarse de que se cuenta con los recursos necesarios.

CAPÍTULO 7
ELECCIÓN DEL NOMBRE DE DOMINIO Y ALOJAMIENTO

El nombre de dominio es la dirección de la tienda en línea en Internet, mientras que el alojamiento es el lugar donde se guarda y se mantiene el sitio web.

En este punto, vamos a analizar los aspectos clave que hay que tener en cuenta a la hora de elegir el nombre de dominio y el alojamiento. Veremos las mejores prácticas y estrategias para elegir un nombre de dominio adecuado, así como los factores clave que hay que tener en cuenta al elegir el alojamiento.

Elección del nombre de dominio

El nombre de dominio es la dirección que los clientes van a utilizar para acceder a la tienda en línea. Por lo tanto, es importante elegir un nombre de dominio que sea fácil de recordar y que represente adecuadamente la marca.

A continuación, se presentan algunas mejores prácticas y estrategias para elegir un nombre de dominio adecuado:

- Que sea fácil de recordar: el nombre de dominio debe ser fácil de recordar para los clientes potenciales. Es importante evitar nombres de dominio largos y complicados, ya que pueden ser difíciles de recordar.

- Que sea fácil de escribir: el nombre de dominio debe ser fácil de escribir para los clientes potenciales. Es importante evitar nombres de dominio que incluyan palabras complicadas o difíciles de escribir.

- Que sea representativo de la marca: el nombre de dominio debe representar adecuadamente la marca y los productos o servicios que se ofrecen. Es importante elegir un nombre de dominio que refleje el propósito y los valores de la marca.

- Que sea único: es importante elegir un nombre de dominio que sea único y que no se confunda con otros nombres de dominio ya existentes.

Figura 7.1 Página del registrador de dominios GoDaddy

- Que sea adecuado para SEO: el nombre de dominio podría influir un poco para la optimización de motores de búsqueda (SEO). Sería recomendable elegir un nombre de dominio que incluya palabras clave relevantes para la marca y el mercado en el que se va a operar. En los últimos años, Google ha dejado de dar tanta importancia al nombre del dominio para el posicionamiento, aún así, dentro de tus posibilidades, sería recomendable elegir un dominio que incluyera alguna de las palabras clave más importantes de tu sector.

Alojamiento

El alojamiento es el lugar donde se almacena y se mantiene el sitio web. Al elegir el alojamiento para la tienda en línea, es importante tener en cuenta varios factores clave:

- Fiabilidad: es importante elegir un proveedor de alojamiento que ofrezca una alta fiabilidad y disponibilidad. Es esencial que la tienda en línea esté disponible en todo momento.

- Velocidad de carga: la velocidad de carga del sitio web es un factor crítico en la experiencia del usuario. Es importante elegir un proveedor de alojamiento que ofrezca una alta velocidad de carga del sitio web. Además de ser un punto crítico para el posicionamiento de la web en Google. Hoy en día, y si es factible económicamente, es recomendable que los discos duros del alojamiento sean NVMe, ya que es una tecnología muy superior a las anteriores, y mejorará enormemente el tiempo de carga de la página.

- Escalabilidad: es esencial que el proveedor de alojamiento ofrezca opciones de escalabilidad para que la tienda en línea pueda crecer y adaptarse a las necesidades cambiantes del negocio.

- Soporte técnico: es importante elegir un proveedor de alojamiento que ofrezca un soporte técnico de alta calidad y que esté disponible en todo momento para resolver cualquier problema o incidencia.

- Coste: el coste del alojamiento es un factor clave en la elección del proveedor. Es importante elegir un proveedor de alojamiento que ofrezca un buen equilibrio entre calidad y precio, y que se ajuste al presupuesto del negocio.

Existen diferentes tipos de alojamiento disponibles para las tiendas en línea, incluyendo alojamiento compartido, VPS (servidor privado virtual) y alojamiento dedicado. Cada tipo de alojamiento tiene sus propias ventajas y desventajas, y es importante elegir el tipo de alojamiento que mejor se adapte a las necesidades específicas del negocio.

Algunas de las ventajas y desventajas de los diferentes tipos de alojamiento son las siguientes:

- Alojamiento compartido: el alojamiento compartido es una opción económica, ya que varios sitios web comparten el mismo servidor. Sin embargo, el alojamiento compartido puede ser menos fiable y menos escalable que otras opciones de alojamiento.

Figura 7.2 Página de hosting compartido de Raiola Networks

- VPS (servidor privado virtual): el VPS es una opción de alojamiento más escalable y fiable que el alojamiento compartido. Sin embargo, el VPS puede ser más caro que el alojamiento compartido.

Figura 7.3 Página de servidores VPS en Arsys

- Alojamiento dedicado: el alojamiento dedicado es la opción más fiable y escalable, ya que el sitio web tiene su propio servidor dedicado. Sin embargo, el alojamiento dedicado es la opción más cara. Hay que tener en cuenta que hay 2 tipos de alojamientos dedicados, los gestionados y los no gestionados. Los primeros son gestionados por expertos, y los no gestionados es el cliente el que se encarga de todo. Es recomendable si no se tienen altos conociomientos de servidores contratar el servidor gestionado, ya que la gestión de servidores es una tarea bastante complicada si no se tienen dichos conocimientos.

Figura 7.4 Página de servidores dedicados en Ionos

En resumen, la elección del nombre de dominio y del alojamiento son aspectos también muy importantes en la creación de una tienda online. Es esencial elegir un nombre de dominio adecuado que sea fácil de recordar, fácil de escribir, representativo de la marca, único y a ser posible, adecuado para SEO. Asimismo, es importante elegir el proveedor de alojamiento adecuado que ofrezca fiabilidad, velocidad de carga, escalabilidad, soporte técnico de alta calidad y un buen equilibrio entre calidad y precio.

CAPÍTULO 8
OPCIONES PARA DISPONER DE WORDPRESS

WordPress es una de las plataformas más populares para crear sitios web y tiendas en línea. Hay diferentes opciones para disponer de WordPress para nuestro negocio online, cada una con sus ventajas y desventajas. En este punto, vamos a analizar las diferentes opciones para disponer de WordPress para nuestra tienda online, y analizar los pros y contras de cada una.

1. WordPress.com

WordPress.com es una plataforma de alojamiento y construcción de sitios web. Permite a los usuarios crear y alojar su sitio web en la plataforma de WordPress. Con WordPress.com, se obtiene una plataforma todo en uno, que ofrece alojamiento, seguridad, actualizaciones y soporte técnico.

Ventajas de WordPress.com

- Ofrece una solución todo en uno, sin necesidad de preocuparse por el alojamiento, las actualizaciones o la seguridad.
- Es fácil de usar, con una interfaz intuitiva y una amplia gama de plantillas y diseños predefinidos.
- Es escalable, lo que permite a los usuarios agregar funciones y características adicionales según sea necesario.

Desventajas de WordPress.com

- No se permite la instalación de plugins personalizados.
- Tiene limitaciones en cuanto a personalización, lo que puede limitar la creatividad y el potencial de la tienda en línea.
- Puede tener costes adicionales por características adicionales, lo que puede aumentar significativamente el coste total.

Figura 8.1 Página de wordpress.com

2. Alojamiento compartido

El alojamiento compartido es una opción popular para la creación de tiendas en línea en WordPress. El alojamiento compartido implica compartir el servidor con otros sitios web. Esta es una opción económica y es ideal para los pequeños negocios y los empresarios que buscan minimizar los costes. Hay muchos servicios online que ofrecen la posibilidad de contratar alojamiento compartido con Wordpress ya preinstalado o con opciones muy fáciles para instalar.

Ventajas del alojamiento compartido

- Es una opción económica.
- Ofrece una buena relación calidad-precio.

- Es fácil de configurar y de usar.

Desventajas del alojamiento compartido

- Puede ser menos fiable que otras opciones de alojamiento.
- El rendimiento puede verse afectado si otros sitios web en el servidor experimentan un tráfico intenso.
- La seguridad puede verse comprometida si otros sitios web en el servidor están infectados con malware.

Figura 8.2 Página de hosting compartido en Dinahosting

3. VPS (servidor privado virtual)

Un servidor privado virtual (VPS) es una opción de alojamiento más escalable y fiable que el alojamiento compartido. El VPS implica compartir un servidor físico con otros sitios web, pero cada sitio web tiene su propio espacio y recursos dedicados. Hay numerosos servicios online que ofrecen la posibilidad de contratar un VPS, pero en caso de no tener conocimientos técnicos es recomendable hablar con ellos para ver si la instalación de Wordpress es una tarea fácil o no con sus servidores.

Ventajas de VPS

- Ofrece una mejor seguridad que el alojamiento compartido.
- Es escalable, lo que permite a los usuarios agregar características y funciones adicionales según sea necesario.
- Ofrece un alto nivel de control, lo que permite a los usuarios personalizar su servidor y su sitio web de acuerdo con sus necesidades específicas.

Desventajas de VPS

- Es más caro que el alojamiento compartido.
- Es necesario tener conocimientos técnicos para configurarlo adecuadamente.
- El rendimiento puede verse afectado si el tráfico del sitio web es intenso.

Figura 8.3 Página de VPS para Wordpress en OVH

4. Servidor dedicado

El alojamiento en servidor dedicado implica que el sitio web tiene su propio servidor dedicado. Esto ofrece la máxima seguridad, escalabilidad y control para el sitio web. Los servidores dedicados de la mayoría de proveedores no suelen tener Wordpress preinstalado o con una manera "fácil" de instalar, por lo que es recomendable para esta opción tener conocimientos de servidores o una empresa de soporte que pueda realizar esta tarea.

Figura 8.4 Página de servidores dedicados para Wordpress en Comvive

Ventajas del servidor dedicado

- Ofrece la máxima seguridad, ya que el sitio web tiene su propio servidor dedicado.
- Ofrece un alto nivel de escalabilidad
- Ofrece un alto nivel de control, lo que permite a los usuarios personalizar su servidor y su sitio web de acuerdo con sus necesidades específicas.
- Ofrece un alto nivel de rendimiento, ya que el sitio web tiene su propio servidor dedicado.

Desventajas del servidor dedicado

- Es la opción más cara.

- Es necesario tener conocimientos técnicos para configurarlo adecuadamente.
- Puede ser demasiado escalable para algunos sitios web más pequeños, lo que puede aumentar el coste total de la tienda en línea.

La elección de la opción de alojamiento adecuada para la tienda en línea en WordPress es muy importante y debe ser analizada cuidadosamente. Para asegurarse de que la tienda en línea esté alojada en una plataforma adecuada y segura, se recomienda contar con servicios profesionales para la contratación de dichos servicios. La asesoría de un experto en alojamiento web puede ser fundamental para identificar la opción de alojamiento que mejor se ajuste a las necesidades de la tienda en línea y garantizar que el proceso de instalación y configuración se realice de manera adecuada. Además, contar con un equipo de soporte técnico profesional puede garantizar la continuidad y el correcto funcionamiento de la tienda en línea, lo que es esencial para garantizar el éxito y la rentabilidad a largo plazo de la tienda en línea.

CAPÍTULO 9
INSTALACIÓN Y CONFIGURACIÓN BÁSICA DE WOOCOMMERCE

La instalación de WooCommerce en WordPress es un proceso sencillo, rápido y es fácilmente integrable. En este punto, vamos a explicar cómo instalar WooCommerce en WordPress y cómo configurar las opciones básicas para empezar a vender en línea.

Instalación de WooCommerce en WordPress

Antes de instalar WooCommerce, es necesario asegurarse de que WordPress esté instalado y, a ser posible, actualizado a la última versión. Después, el siguiente paso es instalar el plugin de WooCommerce. A continuación, se detallan los 5 pasos para la instalación de WooCommerce en WordPress, con lo que se puede observar lo fácil que es:

- Paso 1: Acceder al panel de administración de WordPress.
- Paso 2: Hacer clic en "Plugins" en el menú principal.
- Paso 3: Hacer clic en "Añadir nuevo".
- Paso 4: Buscar "WooCommerce" en el campo de búsqueda.
- Paso 5: Hacer clic en "Instalar ahora" y luego en "Activar".

Figura 9.1 Sección plugins dentro de Wordpress para instalar WooCommerce

Configuración de WooCommerce

Después de instalar WooCommerce, el siguiente paso es configurar las opciones básicas para empezar a vender en línea. A continuación, se detallan los pasos para configurar WooCommerce:

- Paso 1: Acceder a la pestaña de "WooCommerce" en el panel de administración de WordPress.
- Paso 2: Hacer clic en "Configuración".
- Paso 3: Configurar la pestaña de "General" con la información de la tienda, como el nombre, dirección y moneda.
- Paso 4: Configurar la pestaña de "Productos" con las opciones de visualización de productos, como la opción de mostrar el precio, la descripción y las imágenes.
- Paso 5: Configurar la pestaña de "Pagos" con las opciones de pago que se van a ofrecer, como transferencia bancaria, entre otros.
- Paso 6: Configurar la pestaña de "Envío" con las opciones de envío que se van a ofrecer, como envío local, nacional o internacional.
- Paso 7: Configurar la pestaña de "Cuentas" con las opciones de

44

registro de cuenta de usuario, como el requerimiento de dirección de correo electrónico o la creación de contraseña.

- Paso 8: Configurar la pestaña de "Correos electrónicos" con las opciones de notificación de correo electrónico, como la notificación de compra realizada, confirmación de envío y notificación de devolución.

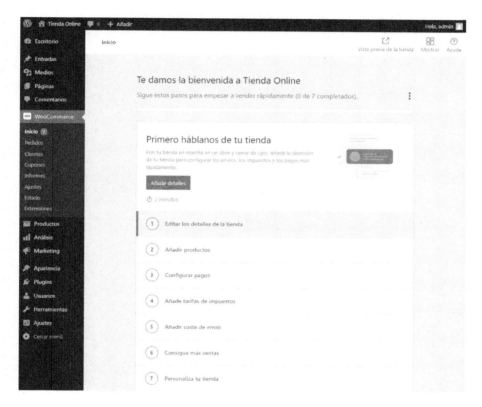

Figura 9.2 Sección Inicio dentro de WooCommerce recién instalado

Personalización de WooCommerce

Una vez que se ha completado la configuración básica de WooCommerce, es posible personalizar la tienda en línea según las necesidades específicas del negocio.

45

Además, WooCommerce permite la instalación de plugins personalizados, lo que permite a los usuarios agregar funciones y características adicionales según sea necesario. Hay una amplia gama de plugins disponibles en el mercado para WooCommerce, incluyendo opciones de integración de correo electrónico, opciones de pago, seguimiento de ventas o promoción de productos.

PARTE 3: DISEÑO Y ESTRUCTURACIÓN DE LA TIENDA ONLINE

CAPÍTULO 10
ELECCIÓN DEL TEMA DE WORDPRESS PARA WOOCOMMERCE

Un tema bien diseñado puede mejorar la funcionalidad, el rendimiento y la apariencia de la tienda en línea, y también puede influir en la experiencia del usuario y en la capacidad de la tienda para convertir visitantes en clientes. En este punto, vamos a explorar las opciones disponibles para la elección del tema de WordPress para WooCommerce.

Plataformas donde se pueden conseguir temas para WordPress

Hay varias plataformas disponibles para la compra de temas de WordPress para WooCommerce. La plataforma más popular es Themeforest, donde los usuarios pueden encontrar una amplia variedad de temas de alta calidad, con características adicionales y opciones de personalización. Themeforest es una excelente opción para aquellos que deseen invertir en un tema premium para su tienda en línea.

Otra opción es la biblioteca de temas gratuitos de WordPress, donde se pueden encontrar una gran cantidad de temas gratuitos. Estos temas son una excelente opción para aquellos que desean una solución más económica, y también pueden personalizarse para adaptarse a las necesidades de la tienda en línea.

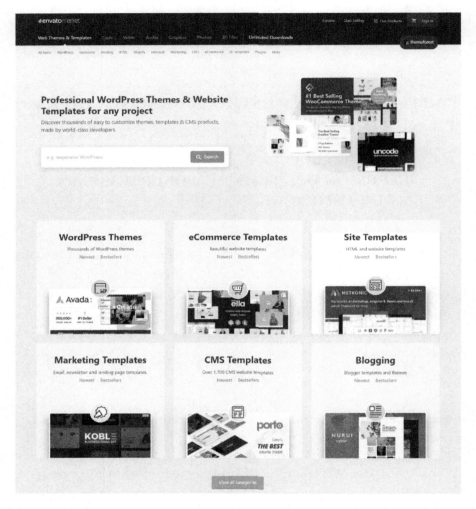

Figura 10.1 Página principal de Themeforest donde encontrar multitud de temas premium

Personalización de temas de WordPress

Una de las principales ventajas de WordPress es que permite la personalización de los temas. Esto significa que los usuarios pueden seleccionar cualquier tema y personalizarlo según sus necesidades específicas, como por ejemplo colores, tipografías, etc. La personalización también puede llevarse a cabo utilizando un maquetador visual de WordPress, como Elementor.

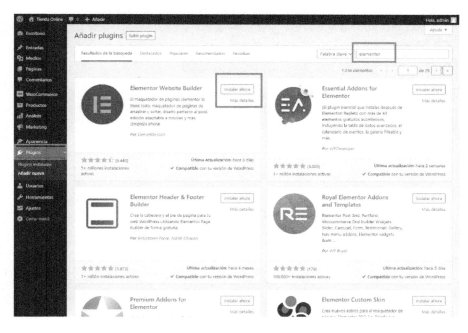

Figura 10.2 Elementor es un plugin gratuito que se puede descargar desde la sección Plugins de Wordpress

Elementor es un plugin de maquetación visual que permite a los usuarios personalizar fácilmente el diseño de la tienda en línea sin tener que escribir código. Con Elementor, los usuarios pueden arrastrar y soltar widgets en la página y personalizar los diseños según sus necesidades específicas. Elementor también ofrece una amplia gama de opciones de personalización, incluyendo opciones de fuente, color y diseño. Además Elementor, dispone de cientos de Addons (complementos) gratuitos y de pago para ampliar sus funcionalidades.

Figura 10.3 En la sección Plugins de Wordpress se pueden encontrar muchos addons para Elementor

Cómo elegir el tema de WordPress adecuado para WooCommerce

Para elegir el tema adecuado de WordPress para WooCommerce, es importante tener en cuenta varios factores, como la apariencia, la funcionalidad y el rendimiento. A continuación, se detallan algunos consejos para elegir el tema adecuado de WordPress para WooCommerce:

- Asegurarse de que el tema sea compatible con WooCommerce y esté actualizado a la última versión.
- Seleccionar un tema con un diseño limpio y fácil de navegar para mejorar la experiencia del usuario.

- Comprobar que el tema se adapte bien a cualquier dispositivo o pantalla.
- Verificar las características adicionales del tema para garantizar que se ajusten a las necesidades de la tienda.
- Considerar el rendimiento del tema para garantizar que la tienda online cargue rápidamente.

Figura 10.4 En la sección Apariencia-Temas de Wordpress se pueden encontrar muchos temas gratuitos

La elección del tema de WordPress adecuado es esencial para el éxito de una tienda en línea creada con WooCommerce. Los usuarios pueden elegir entre una amplia variedad de opciones, incluyendo la compra de un tema premium en Themeforest, la selección de un tema gratuito de la biblioteca de temas de WordPress y la personalización de cualquier tema utilizando un maquetador visual como Elementor. Para elegir el tema adecuado de WordPress para WooCommerce, es importante tener en cuenta factores como la apariencia, la funcionalidad y el rendimiento, y seleccionar un tema que sea compatible con WooCommerce y esté actualizado a la última versión. Al seguir estos consejos, los usuarios pueden elegir un tema que mejore la funcionalidad, el rendimiento y la apariencia de su tienda en línea, y que mejore la experiencia del usuario.

CAPÍTULO 11
DISEÑO DE LA PÁGINA PRINCIPAL Y DE LAS PÁGINAS DE PRODUCTO

La página principal es el primer punto de contacto que los visitantes tendrán con la tienda muchas veces, por lo que es esencial que sea visual y fácil de navegar. Las páginas de producto son igualmente importantes, ya que es aquí donde los visitantes podrán encontrar toda la información relevante sobre los productos y realizar la compra.

En este punto, se detallan algunos consejos para diseñar una buena página principal y páginas de producto que mejoren la apariencia, funcionalidad y experiencia del usuario en una tienda en línea creada con WooCommerce.

Diseño de la página principal

- Utilizar un diseño limpio y organizado para facilitar la navegación y mejorar la experiencia del usuario.
- Incluir un encabezado con un logotipo y una descripción clara de la tienda y de lo que ofrece.
- Incluir una sección de productos destacados o en oferta para captar la atención de los visitantes.
- Incluir una sección de categorías de productos para facilitar la búsqueda de productos por parte de los visitantes.

- Incluir una sección de opiniones de clientes para generar confianza en la tienda.
- Utilizar imágenes de alta calidad y atractivas para resaltar los productos y mejorar la apariencia de la página.

Diseño de las páginas de producto

- Utilizar imágenes de alta calidad y múltiples ángulos para mostrar el producto. Incluso videos si es posible.
- Incluir una descripción detallada del producto que incluya información relevante, como tamaño, material, peso, colores disponibles, etc.
- Incluir opciones de personalización, como la selección de tamaño y color.
- Incluir opiniones de clientes para generar confianza en el producto y la tienda.
- Incluir un botón de compra claro y visible para facilitar la realización de la compra.

Mejoras adicionales para el diseño de la tienda en línea

Además del diseño de la página principal y de las páginas de producto, existen algunas mejoras adicionales que pueden mejorar la apariencia y funcionalidad de la tienda en línea:

- Inclusión de un blog: Puede ser una excelente manera de compartir contenido relevante y atraer a nuevos visitantes a la tienda en línea.
- Integración de un chat en vivo: Puede mejorar la experiencia del usuario y proporcionar una forma rápida y fácil de resolver problemas y responder preguntas.
- Personalización de la página de finalización de compra: Puede mejorar la imagen de la tienda y fomentar la fidelidad del cliente.

En resumen, el diseño de la página principal y de las páginas de producto es un aspecto muy a tener en cuenta en la creación de una tienda online. Al seguir los consejos adecuados para el diseño de estas páginas, la tienda puede mejorar en apariencia y funcionalidad, y con ello mejorar la experiencia del usuario. Además, es importante tener en cuenta que el diseño de la tienda en línea debe ser coherente con la imagen y el mensaje de la marca.

CAPÍTULO 12
CONFIGURACIÓN DE LOS MENÚS Y DE LAS CATEGORÍAS DE PRODUCTOS

Una organización clara y coherente de los productos es fundamental para proporcionar una experiencia de usuario fluida y que guste. Además, la correcta configuración de los menús y las categorías puede ayudar a mejorar la navegación y la búsqueda del sitio, lo que puede aumentar las tasas de conversión y, por lo tanto, los ingresos.

En este punto, se discutirán algunos aspectos clave para configurar los menús y las categorías de productos en una tienda en línea.

Configuración de los menús

Los menús son la herramienta principal para la navegación y el acceso a la información en una tienda en línea. Configurar un menú bien organizado y fácil de usar es crucial para proporcionar una buena experiencia de usuario.

Algunos consejos importantes para configurar los menús de una tienda en línea:

- Mantener la simplicidad: Un menú sobrecargado puede abrumar al usuario y dificultar la navegación por el sitio. Por lo tanto, es importante limitar el número de elementos de menú y mantenerlo simple.

- Incluir elementos esenciales: Los elementos básicos de un menú incluyen la página principal (aunque cada vez más se tienda a no ponerla, ya que los usuarios ya saben que pinchando en el logo de la tienda se llega a ella), la página de categorías de productos y la página de contacto. Asegúrate de incluir estos elementos en el menú principal.

- Incluir enlaces a otras páginas importantes: Otros elementos importantes que se pueden incluir en el menú principal o secundario son la página de inicio de sesión, la página de información de envío y devolución, la página de preguntas frecuentes, la página del carrito, etc.

- Utilizar lenguaje claro: El nombre de cada elemento de menú debe ser fácil de entender y descriptivo.

- Posicionamiento del menú: Asegúrate de que el menú sea fácil de encontrar y esté ubicado en un lugar visible y fácil de navegar.

Configuración de las categorías de productos

Las categorías de productos son una herramienta clave para ayudar a los usuarios a encontrar rápidamente los productos que buscan. Es importante organizar los productos en categorías coherentes y fáciles de entender.

A continuación, se presentan algunos consejos para la configuración de las categorías de productos de una tienda en línea:

- Nombres de categoría claros y específicos: Cada categoría debe tener un nombre claro y descriptivo que refleje los productos que contiene.

- Agrupación de productos similares: Agrupa los productos similares en una categoría para facilitar la búsqueda de productos por parte de los clientes.

- Uso de imágenes atractivas: Las imágenes de alta calidad son importantes para resaltar los productos en cada categoría.

- Descripciones detalladas: Proporcionar descripciones detalladas de cada categoría para ayudar a los clientes a entender qué productos están incluidos en cada una.

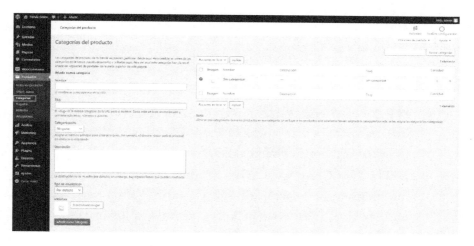

Figura 12.1 Sección Categorías del producto dentro de WooCommerce

Plataformas de terceros para menús y categorías

Aunque WooCommerce viene con un sistema de menús y categorías integrado, también es posible utilizar plataformas de terceros para mejorar y personalizar aún más la experiencia del usuario. Algunas de estas plataformas incluyen:

- UberMenu: una plataforma de menú personalizable y flexible que ofrece una amplia variedad de opciones y características.

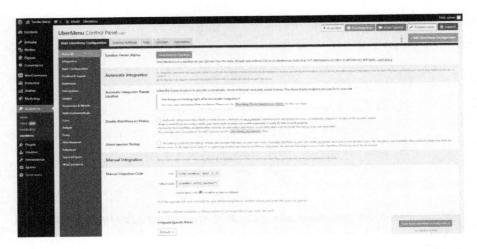

Figura 12.2 Vista del menú del plugin UberMenu

- WP Mega Menu: un complemento de menú para WordPress que permite crear menús personalizados y animados con múltiples opciones de personalización.
- YITH WooCommerce Ajax Product Filter: un complemento que permite la creación de filtros de productos personalizados en la página de categorías, lo que permite a los usuarios buscar productos de manera más fácil y rápida.
- WooCommerce Product Table: una extensión de WooCommerce que crea tablas de productos personalizables para ayudar a los clientes a buscar y comparar productos.

La elección de una plataforma de terceros dependerá de las necesidades y preferencias específicas de cada tienda en línea. Es importante investigar y evaluar cuidadosamente las opciones disponibles antes de elegir una plataforma para asegurarse de que se adapte a las necesidades de la tienda.

En el resto de plataformas (Prestashop, Magento, etc.) se pueden encontrar plugins con funcionalidades similares.

Un menú organizado y fácil de usar, junto con categorías de productos claras y detalladas, puede mejorar significativamente la experiencia del usuario y, en última instancia, aumentar las tasas de conversión y los ingresos.

Además, la utilización de plataformas de terceros puede mejorar aún más la experiencia del usuario y proporcionar una mayor personalización y flexibilidad. Sin embargo, es importante investigar y evaluar cuidadosamente las opciones disponibles antes de elegir una plataforma de terceros para garantizar que se adapte a las necesidades específicas de la tienda.

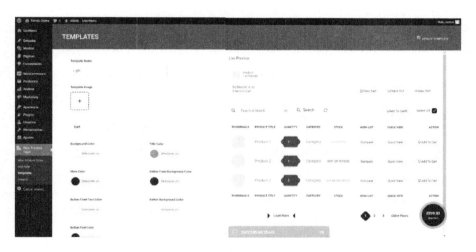

Figura 12.3 Vista de la sección Templates del plugin WooCommerce Product Table

CAPÍTULO 13
CONFIGURACIÓN DE LAS OPCIONES DE PAGO Y ENVÍO

La configuración adecuada de las opciones de pago y envío es crucial para garantizar el éxito de una tienda en línea. En este apartado se describen las principales opciones de pago y envío que se deben considerar al configurar una tienda en línea con WooCommerce.

Configuración de opciones de pago

WooCommerce las siguientes opciones de pago integradas:

- Transferencias bancarias: WooCommerce también permite a los clientes realizar pagos mediante transferencia bancaria.
- Pagos en efectivo o por cheque: Para aquellos clientes que prefieren realizar pagos en efectivo, WooCommerce ofrece opciones como contra reembolso y pago con cheque en persona.

Además de las opciones de pago integradas, WooCommerce ofrece una amplia variedad de plugins gratuitos y de coste para ampliar las opciones. A continuación, se presentan algunos plugins gratuitos y de pago populares para WooCommerce:

- Stripe: este es un plugin de pago gratuito que permite a los clientes realizar pagos con tarjeta de crédito y débito sin salir del sitio web de la tienda en línea, a cambio de una comisión por parte de Stripe.

- PayPal: WooCommerce también ofrece un plugin gratuito para aceptar pagos a través de PayPal. Paypal, a cambio de una comisión, permite también el pago con tarjeta.

- WooCommerce Subscriptions: este es un plugin de pago que permite a las tiendas en línea ofrecer pagos recurrentes, como suscripciones mensuales.

Para la integración de pasarelas de pago de nuestro banco con tarjetas de crédito o débito será necesario hablar con nuestra entidad para ver cuál es el proceso de integración del mismo. Por ejemplo en España, gran cantidad de bancos utilizan la plataforma Redsys como pasarela de pago. Dicha plataforma dispone de un plugin gratuito para su integración con WooCommerce.

Es importante investigar y evaluar cuidadosamente las opciones de pago disponibles antes de elegir las opciones que se ofrecerán en la tienda en línea. Es importante elegir opciones seguras, fáciles de usar y asequibles para los clientes.

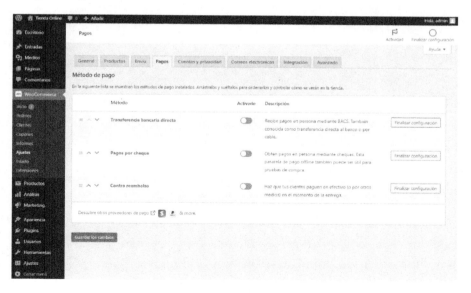

Figura 13.1 Vista de la sección Pagos en Ajustes de WooCommerce recién instalado

Configuración de opciones de envío

WooCommerce ofrece varias opciones de envío integradas para las tiendas en línea, que incluyen:

- Envío gratuito: esto permite que los clientes obtengan envío gratuito de sus productos si se cumplen ciertas condiciones, como una compra mínima de cierta cantidad de dinero.
- Precio fijo: esta opción permite a los comerciantes en línea cobrar el envío con un precio fijo.
- Recogida en local: esta opción permite a los comerciantes dar la opción a sus clientes de recoger el pedido en su local.

Todas estas opciones se pueden configurar según zonas de envío.

Figura 13.2 Vista de los métodos de envío predeterminados en WooCommerce

Además de las opciones de envío integradas, WooCommerce ofrece una amplia variedad de plugins de envío para personalizar aún más las opciones de envío. A continuación, se presentan algunos plugins gratuitos y de pago populares para WooCommerce:

- Advanced Shipment Tracking: este es un plugin gratuito que permite a los clientes realizar un seguimiento de sus envíos en tiempo real.

- WooCommerce Table Rate Shipping (Tabla de Tarifas de Envío): este es un plugin de pago que permite a los comerciantes en línea personalizar las tarifas de envío en función de la ubicación del cliente y el peso del paquete.

Figura 13.3 Vista de la Página oficial del plugin WooCommerce Table Rate Shipping

Es importante investigar y evaluar cuidadosamente las opciones de envío disponibles antes de elegir las opciones que se ofrecerán en la tienda en línea. Es importante elegir opciones de envío seguras, eficientes y asequibles para los clientes.

WooCommerce, y el resto de plataformas, ofrece una variedad de opciones de pago y envío integradas, así como una amplia variedad de plugins de pago y envío para personalizar aún más las opciones. Es importante dedicar tiempo a la investigación y evaluación de estas opciones para tomar decisiones al respecto.

CAPÍTULO 14
CREACIÓN DE LAS PÁGINAS DE CONTACTO Y DE POLÍTICA DE PRIVACIDAD

La página de contacto permite a los clientes ponerse en contacto con la tienda en línea en caso de preguntas o problemas, mientras que la política de privacidad es crucial para garantizar que la tienda en línea cumpla con las leyes y regulaciones de privacidad de datos. Más adelante hablaremos más en profundidad sobre estos temas (Parte 12: Legalidad y seguridad).

Creación de la página de contacto

La página de contacto es una parte importante de cualquier sitio web, y una tienda en línea no es una excepción. Es importante asegurarse de que la página de contacto esté bien diseñada y fácil de encontrar para que los clientes puedan ponerse en contacto con la tienda en línea si tienen preguntas o problemas. A continuación, se presentan algunas pautas para crear una página de contacto:

- Proporcionar información detallada: Es importante proporcionar información detallada sobre cómo los clientes pueden ponerse en contacto con la tienda en línea, como una dirección de correo electrónico, número de teléfono y dirección física.

- Formulario de contacto: Muchas tiendas en línea utilizan un formulario de contacto en su página de contacto para hacer que sea más fácil para los clientes comunicarse. Es importante asegurarse de que el formulario sea fácil de usar y que se solicite la información adecuada para responder a la consulta o problema del cliente.

- Mapa de ubicación: Incluir un mapa de ubicación en la página de contacto puede ayudar a los clientes a encontrar la tienda en línea y puede ser especialmente útil para las tiendas físicas que también tienen una presencia en línea. Además de la confianza que genera en el usuario saber que la tienda dispone de un emplazamiento físico.

- Horario de atención: Si la tienda en línea tiene un horario específico de atención, es importante incluir esta información en la página de contacto para que los clientes sepan cuándo pueden esperar una respuesta.

Además de estas pautas, es importante hacer que la página de contacto sea fácil de encontrar. Se recomienda agregar un enlace a la página de contacto en el menú de navegación del sitio web y en el pie de página.

Creación de la política de privacidad

La política de privacidad es una parte fundamental de cualquier tienda en línea, ya que protege la información personal de los clientes y cumple con las leyes y regulaciones de privacidad de datos. Una política de privacidad bien escrita y fácil de entender puede generar confianza en los clientes y mejorar la reputación de la tienda en línea. A continuación, se presentan algunas pautas para crear una política de privacidad:

- Descripción detallada de la información recopilada: Es importante describir detalladamente qué tipo de información se recopila de los clientes, como su nombre, dirección de correo electrónico y dirección de envío.

- Uso de la información: La política de privacidad debe describir cómo se utilizará la información recopilada de los clientes, como para procesar pedidos, enviar correos electrónicos de marketing y mejorar la experiencia del usuario.

- Divulgación de la información: Es importante describir cómo se divulgará la información recopilada de los clientes, como compartir información con proveedores de servicios y terceros con el objetivo de mejorar la experiencia del usuario.

- Seguridad de la información: La política de privacidad debe describir las medidas de seguridad que se han implementado para proteger la información de los clientes, como el cifrado de datos y la autenticación de usuario.

- Derechos de los clientes: Es importante describir los derechos de los clientes en relación con su información personal, como el derecho a acceder, corregir y eliminar su información.

Además de estas pautas, es importante asegurarse de que la política de privacidad sea fácil de entender y esté redactada en un lenguaje claro y sencillo. También es recomendable incluir un enlace a la política de privacidad en el pie de página y en cualquier formulario en el que se solicite información personal.

Plugins para crear la página de contacto y política de privacidad

Existen una gran variedad de plugins gratuitos y de pago disponibles para crear la página de contacto y la política de privacidad en una tienda en línea de WooCommerce. A continuación, se presentan algunos ejemplos:

- WPForms: WPForms es un plugin de pago que permite crear fácilmente formularios de contacto personalizados en WordPress. Ofrece una gran variedad de plantillas y opciones de personalización para crear un formulario de contacto efectivo.

- Contact Form 7: Contact Form 7 es un plugin gratuito que permite crear formularios de contacto personalizados en WordPress. Es fácil de usar y ofrece una gran variedad de opciones de personalización para crear un formulario de contacto efectivo.

Figura 14.1 En la sección Plugins de Wordpress se puede descargar Contact Form 7

- Complianz: Complianz es un plugin gratuito que permite generar una política de privacidad y términos de servicio personalizados para una tienda en línea. Es fácil de usar y ofrece una gran variedad de opciones de personalización.

Es importante evaluar cuidadosamente los plugins disponibles y elegir el que mejor se adapte a las necesidades de la tienda en línea. También se recomienda contar con servicios profesionales para garantizar que la política de privacidad cumpla con todas las leyes y regulaciones de privacidad de datos aplicables.

En resumen, es importante asegurarse de que la página de contacto esté bien diseñada y fácil de encontrar para que los clientes puedan ponerse en contacto con la tienda en línea si tienen preguntas o problemas. La política de privacidad es crucial para garantizar que el negocio online cumpla con las leyes y regulaciones de privacidad de datos.

CAPÍTULO 15
CONFIGURACIÓN DE LOS CORREOS
ELECTRÓNICOS DE LA TIENDA ONLINE

Los correos electrónicos son una herramienta importante para comunicarse con los clientes y mantenerlos actualizados sobre el estado de su pedido. En este apartado, se explorarán las mejores prácticas para la configuración de los correos electrónicos en una tienda online.

Configuración de la dirección de correo electrónico

Lo primero que se debe hacer es configurar la dirección de correo electrónico desde la que se enviarán los correos electrónicos de la tienda en línea. Es importante que la dirección de correo electrónico sea profesional y esté asociada con la marca de la tienda. Por ejemplo, una buena opción sería usar una dirección de correo electrónico como ventas@midominio.com o soporte@midominio.com.

Configuración de la plantilla de correo electrónico

Una vez configurada la dirección de correo electrónico, es importante elegir una plantilla de correo electrónico que sea clara, concisa y coherente con la marca de la tienda. WooCommerce, al igual que otras plataformas, ofrece varias plantillas de correo electrónico prediseñadas que se pueden personalizar fácilmente.

Es importante incluir la información relevante sobre el pedido en el correo electrónico, como el número de pedido, el nombre del producto, la cantidad, el precio y el estado del pedido. También se recomienda incluir un enlace de seguimiento del pedido para que los clientes puedan verificar el estado de su pedido en cualquier momento.

Configuración de correos electrónicos automáticos

La mayoría de plataformas de venta online como WooCommerce permiten configurar correos electrónicos automáticos para diferentes etapas del proceso de compra, como la confirmación del pedido, el pago, el envío y la entrega. Es importante personalizar estos correos electrónicos para que estén en línea con la marca de la tienda y proporcionen información útil para los clientes.

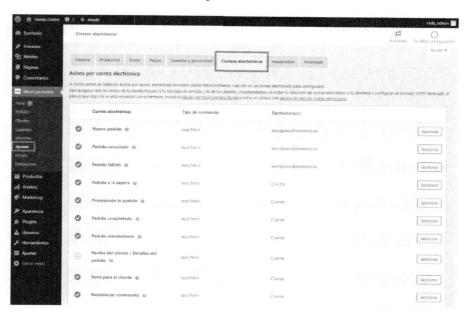

Figura 15.1 Sección Correos Electrónicos en Ajustes de WooCommerce

Adicionalmente y mediante plugins normalmente, también es posible configurar correos electrónicos automáticos para recordatorios de carritos abandonados, solicitudes de comentarios y ofertas especiales. Estos correos electrónicos pueden ser una buena forma de fomentar la participación de los clientes y aumentar las ventas.

Configuración de plugins para correos electrónicos

Existen una gran variedad de plugins disponibles para WooCommerce que permiten personalizar y mejorar la configuración de correos electrónicos en una tienda en línea. A continuación, se presentan algunos ejemplos de plugins:

- Email Customizer for WooCommerce: Este plugin permite personalizar fácilmente las plantillas de correo electrónico prediseñada de WooCommerce. Ofrece una gran variedad de opciones de personalización.

Figura 15.2 Email Customizer for WooCommerce que podemos encontrar en la sección Plugins de Wordpress

- Follow-Ups: Follow-Ups es un plugin de pago que permite enviar correos electrónicos de seguimiento y recordatorios personalizados. Ofrece una gran variedad de opciones de personalización y se integra fácilmente con WooCommerce.

- Abandoned Cart Lite for WooCommerce: Este plugin gratuito permite enviar correos electrónicos automáticos a los clientes que abandonan un carrito de compra. Ofrece una gran variedad de opciones de personalización y se integra fácilmente con WooCommerce.

Se debe evaluar, por tanto, los plugins disponibles y elegir el que mejor se adapte a las necesidades de la tienda en línea. También se recomienda comprobar la compatibilidad de los plugins con la versión de WooCommerce utilizada y mantenerlos actualizados para evitar problemas de seguridad.

Configuración de la autenticación de correos electrónicos

La autenticación de correos electrónicos ayuda a asegurar que los correos electrónicos enviados desde la tienda en línea sean auténticos y no sean falsificados o utilizados para el phishing.

Para configurar la autenticación de correos electrónicos en WooCommerce, se recomienda utilizar el protocolo SPF (Sender Policy Framework) y DKIM (DomainKeys Identified Mail). Estos protocolos ayudan a verificar la autenticidad de los correos electrónicos y reducir la posibilidad de que los correos electrónicos sean bloqueados por los proveedores de correo electrónico. Pregunte a su proveedor de servicios de hosting de correo como configurar estos protocolos.

En conlusión, es importante asegurarse de que los correos electrónicos sean claros, concisos y estén en línea con la marca de la tienda.

También es recomendable personalizar los correos electrónicos para que proporcionen información útil para los clientes y ayuden a fomentar la participación de los clientes. La elección de los plugins adecuados puede ayudar a personalizar y mejorar la configuración de los correos electrónicos.

PARTE 4: CREACIÓN DE CONTENIDO PARA LA TIENDA ONLINE

CAPÍTULO 16
CREACIÓN DE DESCRIPCIONES DE PRODUCTO

Una descripción de producto bien escrita y detallada puede marcar la diferencia entre una venta o una pérdida de cliente.

Las descripciones de productos deben proporcionar información clara y detallada sobre los productos y sus características. Esto incluye información sobre el tamaño, peso, materiales y cualquier otra característica relevante del producto.

Además, las descripciones de productos deben estar optimizadas para el SEO, para ayudar a que los productos sean más fáciles de encontrar en los motores de búsqueda. Esto incluye la inclusión de palabras clave relevantes en el título y la descripción del producto.

A continuación se presentan algunos consejos para la creación de descripciones de productos:

- **Conozca su audiencia**

Antes de comenzar a escribir descripciones de productos, es importante conocer a su público objetivo. ¿Quiénes son sus clientes? ¿Qué buscan en un producto? ¿Qué les importa?

Al conocer a su público objetivo, puede escribir descripciones de productos que se ajusten a sus necesidades y deseos específicos.

- **Sea claro y conciso**

Las descripciones de productos deben ser claras y concisas, sin información excesiva o confusa. Esto ayuda a que los clientes entiendan rápidamente las características y beneficios del producto.

- **Incluya detalles importantes**

Es importante incluir detalles importantes sobre los productos, como el tamaño, el peso, los materiales y cualquier otra característica relevante. Esto ayuda a que los clientes sepan exactamente lo que están comprando.

- **Optimice para el SEO**

Las descripciones de productos deben estar optimizadas para el SEO, para ayudar a que los productos sean más fáciles de encontrar en los motores de búsqueda. Esto incluye la inclusión de palabras clave relevantes en el título y la descripción del producto.

- **Use imágenes de calidad**

Las imágenes de alta calidad son esenciales para complementar las descripciones de productos. Las imágenes deben ser claras y detalladas, mostrando el producto desde diferentes ángulos y en diferentes contextos. Hoy en día incluir videos también es una práctica muy recomendable.

- **Estructure las descripciones de productos**

Es importante estructurar las descripciones de productos de manera clara y fácil de leer. Las descripciones de productos deben tener encabezados y viñetas para hacer que la información sea fácilmente accesible y fácil de leer.

- ## Mantenga la consistencia

Es importante mantener la consistencia en las descripciones de productos, tanto en términos de estilo como de contenido. Esto ayuda a que los clientes sepan qué esperar y a que la marca tenga una imagen coherente.

- ## Agregue reseñas de clientes

Incluir reseñas de clientes en las descripciones de productos puede ayudar a aumentar la confianza del cliente en la marca y en los productos. Las reseñas pueden ser especialmente útiles para productos de alta calidad o productos caros.

- ## Sea creativo

Las descripciones de productos pueden ser una oportunidad para mostrar la personalidad y la creatividad de la marca. Esto puede ayudar a que los productos sean más atractivos y a que los clientes se sientan más conectados con la marca.

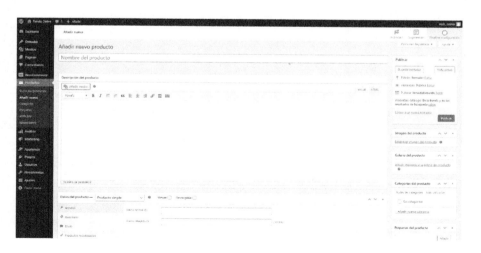

Figura 16.1 Sección nuevo producto en WooCommerce

Las descripciones de productos bien escritas pueden marcar la diferencia entre una venta y una pérdida de cliente. Al conocer a su audiencia, ser claro y conciso, incluir detalles importantes, optimizar para el SEO, usar imágenes de calidad, estructurar las descripciones de productos, mantener la consistencia, agregar reseñas de clientes y ser creativo, puede crear descripciones de productos efectivas que ayuden a impulsar las ventas de su tienda en línea.

Es importante tener en cuenta que la creación de descripciones de productos lleva tiempo y esfuerzo. Si tiene una gran cantidad de productos en su tienda en línea, puede ser difícil escribir descripciones de productos detalladas para cada uno. En este caso, puede considerar contratar a un escritor de contenido para que lo ayude a crear descripciones de productos.

CAPÍTULO 17
ATRIBUTOS DE LOS PRODUCTOS Y FILTROS

Los atributos de los productos son características que describen un producto específico, como el tamaño, el color, la marca, la forma, el material y otros detalles importantes. Estos atributos pueden ser utilizados para organizar los productos en categorías y subcategorías, lo que facilita la búsqueda de los clientes.

Los filtros, por otro lado, son herramientas que permiten a los clientes buscar productos específicos en función de sus necesidades. Los filtros pueden ser utilizados para buscar productos en función de su precio, su categoría, sus características y otros detalles importantes.

En WooCommerce, puede agregar atributos de productos y filtros utilizando plugins. Algunos de los plugins más populares para agregar atributos y filtros son:

- YITH WooCommerce Ajax Product Filter: Este plugin permite a los clientes buscar productos en función de sus atributos y características, lo que facilita la búsqueda de productos específicos.
- HUSKY (antes WOOF) – Products Filter for WooCommerce: Este plugin permite a los clientes filtrar productos en función de sus categorías, atributos y otros detalles importantes.

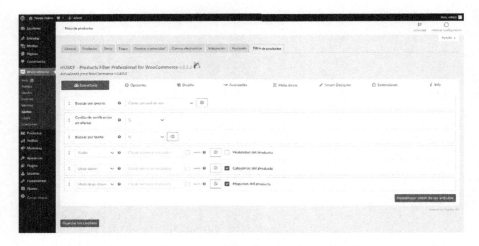

Figura 17.1 Vista del plugin HUSKY Products Filter for WooCommerce

Para agregar atributos de productos y filtros, primero debe crear los atributos en WooCommerce. Luego, puede agregar estos atributos a sus productos y configurar los filtros para permitir que los clientes busquen productos en función de estos atributos.

Es importante tener en cuenta que agregar demasiados atributos y filtros puede hacer que su sitio web sea más difícil de navegar. Por lo tanto, es recomendable utilizar solo los atributos y filtros más importantes para sus productos y categorías.

CAPÍTULO 18
SELECCIÓN Y EDICIÓN DE IMÁGENES DE PRODUCTO

Las imágenes atractivas pueden atraer la atención de los clientes y ayudarles a comprender mejor los productos que están buscando. Por lo tanto, es fundamental seleccionar y editar cuidadosamente las imágenes de sus productos en su tienda en línea.

A continuación, se describen los pasos para seleccionar y editar las imágenes de su producto:

- Selección de imágenes: Lo primero que debe hacer es seleccionar las imágenes adecuadas para cada producto. Es recomendable usar imágenes de alta calidad y resolución para que los clientes puedan ver los detalles del producto. Puede tomar sus propias fotos o utilizar imágenes de stock de sitios web como Freepik o Shutterstock.

- Formato de imagen: Asegúrese de que las imágenes sean del tamaño correcto y el formato correcto. Es recomendable utilizar imágenes en formato JPG o PNG (en caso de que tengan transparencia) para que se carguen rápidamente en la página de la tienda. Además, debe ajustar las dimensiones de la imagen para que se ajusten correctamente al diseño de la página.

- Edición de imágenes: Es posible que deba editar las imágenes antes de subirlas a su tienda. La edición puede incluir recortar la imagen para centrar el producto, ajustar el brillo y el contraste, cambiar el fondo, etc. Utilice software de edición de imágenes como Adobe Photoshop, GIMP o Canva para editar las imágenes.

- Optimización de imágenes: Las imágenes grandes pueden ralentizar la velocidad de carga de su sitio web, lo que puede afectar la experiencia del usuario. Es importante optimizar las imágenes para que se carguen rápidamente. Puede hacer esto reduciendo el tamaño de la imagen, reduciendo la calidad o utilizando plugins de optimización de imágenes, como por ejemplo Smush o EWWW.

Figura 18.1 Smush en plugins de Wordpress

- Galería de imágenes: Considere la posibilidad de mostrar varias imágenes de cada producto en una galería para que los clientes puedan ver el producto desde diferentes ángulos y en diferentes contextos. Esto puede mejorar la presentación del producto y ayudar a los clientes a tomar una decisión de compra.

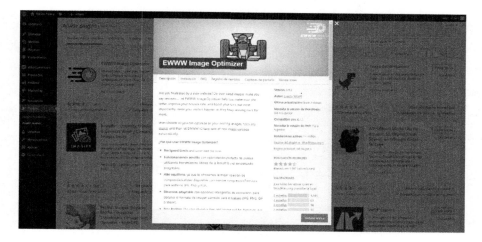

Figura 18.2 EWWW en plugins de Wordpress

CAPÍTULO 19
CREACIÓN DE VÍDEOS DE PRODUCTO

En la actualidad, el vídeo se ha convertido en uno de los formatos de contenido más importantes para la promoción de productos en línea. Al crear vídeos de producto, puedes mostrar a tus clientes potenciales lo que ofreces y ayudarles a comprender mejor el aspecto o el funcionamiento de tus productos.

Para crear vídeos de producto, es importante que planifiques cuidadosamente el contenido de tu vídeo y que lo presentes de una manera atractiva. Además, es fundamental contar con el equipo adecuado para capturar la mejor calidad de imagen y sonido posible.

Existen varias opciones para crear vídeos de producto, desde hacerlos tú mismo hasta contratar a un equipo de profesionales. En cualquier caso, es importante que tengas en cuenta algunos aspectos clave para crear un vídeo de producto, como:

- Planificar el contenido: antes de empezar a grabar, debes tener claro qué es lo que quieres mostrar y cómo lo vas a hacer. Es importante tener un guion o un storyboard que te permita organizar la información y asegurarte de que no olvides ningún detalle importante.

- Elegir el equipo adecuado: aunque no necesitas un equipo de alta gama para crear vídeos de producto efectivos, es importante que cuentes con un buen equipo que te permita capturar la mejor calidad de imagen y sonido posible. Si no tienes experiencia en la creación de vídeos, deberías considerar la opción de contratar a un profesional para ayudarte.

- Mostrar el producto de manera clara: es importante que el producto sea el protagonista del vídeo, por lo que debes asegurarte de que se vea de manera clara y que los detalles importantes estén en primer plano. También es importante que muestres cómo se utiliza el producto y cuáles son sus características más importantes.

- Ser creativo: aunque es importante mostrar el producto de manera clara, también puedes ser creativo y hacer que tu vídeo destaque entre los demás. Por ejemplo, puedes utilizar música de fondo, efectos especiales o animaciones para hacer que tu vídeo sea más atractivo.

CAPÍTULO 20
CREACIÓN DE PÁGINAS DE CONTENIDO PARA EL BLOG

Crear un blog en tu tienda online es una excelente manera de generar contenido relevante para tus clientes, aumentar el tráfico orgánico a tu sitio y mejorar el posicionamiento en los motores de búsqueda. En este capítulo, te guiaremos a través del proceso de crear páginas de contenido para el blog en tu tienda online.

Definición de temas para el blog

Lo primero que debes hacer es definir los temas que deseas abordar en tu blog. Es importante asegurarte de que los temas sean relevantes para tu audiencia y estén relacionados con tus productos o servicios. Esto no solo atraerá a los clientes adecuados, sino que también les proporcionará información útil y los ayudará en las decisiones de compra.

Creación de una estrategia de contenido

Una vez que hayas definido los temas, es importante crear una estrategia de contenido sólida para el blog. Esto puede incluir la frecuencia de publicación, el tono y la voz del contenido, la distribución del contenido y más. Tu estrategia de contenido debe ser coherente con la imagen de marca de tu tienda online y debe proporcionar valor a tus clientes.

Creación de un calendario editorial

Para mantener una frecuencia constante de publicación, es importante crear un calendario editorial que especifique las fechas de publicación y los temas de cada publicación. Esto te ayudará a mantener un flujo constante de contenido y a asegurarte de que tus publicaciones sean relevantes y oportunas.

Creación de contenido para el blog

Una vez que tengas tu estrategia de contenido y calendario editorial, es hora de crear el contenido para tu blog. Esto puede incluir artículos de blog, guías de productos, reseñas de productos, videos y más. Es importante asegurarte de que el contenido sea informativo, relevante y útil para tu audiencia.

Optimización del contenido para los motores de búsqueda

La optimización del contenido para los motores de búsqueda es esencial si deseas que tu contenido llegue a un público más amplio. Asegúrate de incluir palabras clave relevantes en tus publicaciones y de optimizar los títulos, las descripciones y las imágenes para los motores de búsqueda.

Promoción del contenido del blog

Una vez que hayas creado y optimizado el contenido para tu blog, es importante promocionarlo para llegar a un público más amplio. Puedes hacer esto a través de tus redes sociales, correo electrónico y otros canales de marketing. También puedes colaborar con influencers y otros blogs para aumentar la visibilidad de tu contenido.

Medición y análisis de resultados

Para asegurarte de que tu blog esté funcionando bien, es importante medir y analizar los resultados. Utiliza herramientas de análisis para realizar un seguimiento del tráfico, las conversiones y otros indicadores clave de rendimiento. Utiliza esta información para ajustar tu estrategia de contenido y optimizar tus publicaciones para lograr mejores resultados.

CAPÍTULO 21
CREACIÓN DE PREGUNTAS FRECUENTES

Las preguntas frecuentes (FAQ, por sus siglas en inglés) son una sección importante en cualquier tienda online. Esta sección puede ayudar a resolver dudas comunes y aclarar cualquier posible problema o cuestión que los clientes puedan tener antes de realizar una compra. En este capítulo, veremos cómo crear una sección de preguntas frecuentes para su tienda online y cómo aprovecharla para mejorar la experiencia del cliente y aumentar las ventas.

Identificar las preguntas frecuentes

Antes de crear una sección de preguntas frecuentes, es importante identificar las preguntas más frecuentes que los clientes puedan tener. Las preguntas pueden variar dependiendo del tipo de producto o servicio que se ofrezca, así como de las políticas de envío, devolución y garantía. Es importante tomarse el tiempo necesario para hacer una lista de las preguntas frecuentes, o incluso recopilarlas de los clientes que ya han comprado en su tienda. Algunas preguntas comunes pueden incluir:

- ¿Cuál es el tiempo de envío?
- ¿Cómo puedo realizar un seguimiento de mi pedido?
- ¿Puedo realizar una devolución?

- ¿Cuánto tiempo tengo para realizar una devolución?
- ¿Cómo puedo contactar con el servicio de atención al cliente?
- ¿Qué métodos de pago aceptan?

Crear la sección de preguntas frecuentes

Una vez que se hayan identificado las preguntas frecuentes, es hora de crear la sección de preguntas frecuentes en su tienda online. Puede crear una página específica para las preguntas frecuentes o incluir esta sección en la página de ayuda o contacto. Algunos aspectos a tener en cuenta al crear la sección de preguntas frecuentes incluyen:

- Estructura: La sección debe estar estructurada de manera clara y organizada, con las preguntas y respuestas separadas por temas o categorías si fuera necesario.
- Lenguaje sencillo: Es importante utilizar un lenguaje claro y sencillo, evitando tecnicismos que puedan confundir al cliente.
- Diseño atractivo: La sección debe ser visualmente atractiva y fácil de leer, utilizando elementos como negrita o el cambio de tamaño de letra para destacar las preguntas y respuestas.
- Actualización: Es importante actualizar regularmente la sección de preguntas frecuentes para asegurarse de que las respuestas sean precisas y estén al día.

Incluir preguntas frecuentes en la página de producto

Otra manera de incluir preguntas frecuentes es agregarlas directamente en la página de producto. Esto puede ser especialmente útil para responder preguntas específicas sobre el producto que pueden no estar cubiertas en la sección de preguntas frecuentes general. Algunos aspectos a tener en cuenta al incluir preguntas frecuentes en la página de producto incluyen:

- Lugar estratégico: Las preguntas frecuentes deben estar ubicadas en un lugar estratégico de la página de producto, como en la parte inferior o en una pestaña separada.

- Relacionado con el producto: Las preguntas frecuentes deben estar relacionadas directamente con el producto, respondiendo preguntas sobre su uso, características o especificaciones, aunque se pueden poner preguntas más genéricas en todos los productos, sobretodo en caso de no tener una sección específica.

- Actualización: Al igual que con la sección general de preguntas frecuentes, es importante actualizar regularmente las preguntas frecuentes de la página de producto.

Promocionar las preguntas frecuentes

Una vez que se han definido las preguntas frecuentes y se ha recopilado la información necesaria, se debe crear una página específica para ellas. Es importante estructurar la información de manera clara y concisa para que el usuario pueda encontrar rápidamente la respuesta a su pregunta.

Además, es recomendable utilizar elementos visuales como iconos o imágenes para resaltar las preguntas más importantes o que se hacen con más frecuencia. Esto ayuda a que la página sea más atractiva y fácil de navegar para el usuario.

Algunos ejemplos de plugins para crear páginas de preguntas frecuentes son "Ultimate FAQ" y "Helpie WP". Estos plugins permiten crear una página de preguntas frecuentes de manera fácil y rápida, además de incluir opciones avanzadas como la posibilidad de agregar etiquetas o categorías a las preguntas.

Figura 21.1 EWWW en plugins de Wordpress

En definitiva, la creación de una página de preguntas frecuentes es una buena práctica para ofrecer una experiencia de usuario completa y satisfactoria. Proporciona respuestas rápidas y sencillas a preguntas comunes, lo que reduce el tiempo que los usuarios tardan en encontrar la información que necesitan y mejora su percepción de la tienda.

PARTE 5: PROMOCIÓN DE LA TIENDA ONLINE

CAPÍTULO 22
ESTRATEGIAS DE SEO PARA TIENDAS ONLINE

La optimización para motores de búsqueda (SEO) es una de las formas más efectivas de mejorar la visibilidad de una tienda online en los resultados de búsqueda de Google y otros motores de búsqueda. Al aplicar estrategias de SEO adecuadas, se puede atraer tráfico orgánico a la tienda online, aumentar la autoridad del sitio y, en última instancia, aumentar las ventas.

A continuación, se describen algunas estrategias de SEO para tiendas online que pueden ayudar a mejorar la visibilidad en los resultados de búsqueda de su tienda online:

- Investigación de palabras clave: Es fundamental realizar una investigación exhaustiva de palabras clave relacionadas con los productos o servicios que se ofrecen. Utilizando herramientas como Semrush, se pueden encontrar palabras clave relevantes para la tienda y utilizarlas en el contenido de la página, títulos y descripciones de productos.

- Creación de contenido de calidad: Es importante crear contenido de calidad y relevante para el público objetivo de la tienda online. El contenido debe ser informativo y atractivo para los usuarios, y debe incluir palabras clave relevantes y optimizadas.

- Optimización de títulos y descripciones de productos: Los títulos y descripciones de productos deben incluir palabras clave relevantes y describir con precisión el producto o servicio que se ofrece. Es importante que estos elementos sean claros y concisos para que los motores de búsqueda puedan indexar el contenido de forma adecuada.

- Estructura de URL amigable: La estructura de la URL de la tienda online también es importante para el SEO. Las URL deben ser claras, concisas y relevantes para el contenido de la página. En Wordpress es conveniente configurar en Ajustes-Enlaces Permanentes la opción "Nombre de la entrada" como estructura.

- Enlaces internos y externos: Los enlaces internos y externos son importantes para el SEO de una tienda online. Los enlaces internos deben ser utilizados para mejorar la navegación y la experiencia del usuario, mientras que los enlaces externos pueden mejorar la autoridad y la relevancia de la tienda online.

- Mobile-friendly: La mayoría de las búsquedas en línea se realizan desde dispositivos móviles, por lo que es fundamental que la tienda online sea mobile-friendly (capacidad de un sitio web para adaptarse y funcionar correctamente en dispositivos móviles). El diseño y la estructura de la página deben ser responsivos (o responsive), que es la capacidad de un diseño web para adaptarse y verse bien en diferentes dispositivos y tamaños de pantalla.

- Velocidad de carga de la página: La velocidad de carga de la página es un factor importante en el SEO de la tienda online. Las páginas deben ser optimizadas para cargar de forma rápida y eficiente para mejorar la experiencia del usuario y la indexación de los motores de búsqueda.

- Título y descripción de imágenes: Las imágenes de los productos también pueden ser optimizadas para mejorar el SEO de la tienda. Las imágenes deben tener títulos y descripciones descriptivas, y es importante utilizar etiquetas ALT (o texto alternativo) y etiquetas de título para mejorar la indexación de las imágenes por parte de los motores de búsqueda.

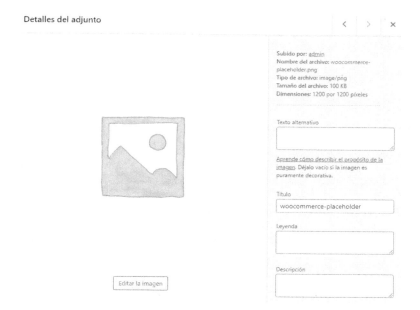

Figura 22.1 Ficha de adjunto (imagen) en Wordpress

- Análisis de datos: Es importante realizar un análisis de datos regularmente para entender cómo está funcionando la tienda online en términos de SEO. Para ellos se pueden utilizar herramientas como Google Analytics para analizar el tráfico de la página, la tasa de conversión y otros factores importantes para el éxito de la tienda online.

Al implementar estas estrategias de SEO, se puede mejorar el posicionamiento de la tienda online en los motores de búsqueda y aumentar la visibilidad y el tráfico de la página. Sin embargo, es importante tener en cuenta que el SEO es un proceso continuo y que requiere un esfuerzo constante para mantener los resultados a largo plazo.

CAPÍTULO 23
CREACIÓN DE CONTENIDO PARA SEO

La creación de contenido es una parte esencial en la optimización del SEO de una tienda online. El contenido no solo debe estar diseñado para atraer a los clientes, sino también para ser relevante para los motores de búsqueda. Por lo tanto, es fundamental para cualquier tienda online contar con una estrategia de contenido sólida y bien ejecutada.

La creación de contenido para SEO comienza con la identificación de palabras clave relevantes para la tienda online. Estas palabras clave son términos que los clientes potenciales buscarían para encontrar productos o servicios en la tienda online. Una vez que se han identificado estas palabras clave, se pueden usar para crear contenido que sea relevante para los clientes y que los motores de búsqueda identifiquen como relevante para esas palabras clave.

El contenido de una tienda online debe ser informativo, útil y relevante para los clientes, por lo que para ello podemos usar el copywriting. El copywriting se refiere a la creación de textos publicitarios, que tienen el objetivo de persuadir a los clientes para que realicen una acción específica, como comprar un producto o suscribirse a un servicio. El copywriting para tiendas online debe estar diseñado para persuadir a los clientes a comprar, además de asegurarse paralelamente de que el contenido también sea relevante para los motores de búsqueda.

Para crear contenido para una tienda online, se pueden utilizar diferentes formatos, como artículos de blog, descripciones de productos, páginas de categorías de productos, páginas de destino y páginas de información de la empresa. El contenido debe estar diseñado para atraer a los clientes y ayudarles a tomar una decisión de compra informada. El contenido debe ser útil y fácil de leer, y debe ser escrito con un tono de voz adecuado a la marca y al público objetivo.

La optimización del contenido para SEO también implica la estructura del contenido. El contenido debe estar estructurado de manera lógica y fácil de leer para los clientes, y también para los motores de búsqueda. La estructura del contenido debe ser fácil de seguir para los clientes, y debe estar diseñada para ayudarles a encontrar lo que están buscando en la tienda online. La estructura del contenido también puede mejorar la navegación de la tienda online, lo que puede mejorar la experiencia del usuario.

En resumen, el contenido debe estar diseñado para atraer a los clientes y para ser relevante para los motores de búsqueda. La creación de contenido debe estar basada en palabras clave relevantes, y debe ser estructurada y diseñada para ser fácil de leer y navegar. El contenido debe ser informativo, útil y persuasivo, con un tono de voz adecuado a la marca y al público objetivo. En general, una estrategia de contenido sólida y bien ejecutada puede marcar la diferencia en la optimización del SEO de una tienda online y, por lo tanto, en su éxito en línea.

CAPÍTULO 24
GOOGLE ANALYTICS Y GOOGLE SEARCH CONSOLE

El seguimiento y análisis de datos es esencial para el éxito de cualquier negocio en línea. En este sentido, Google Analytics y Google Search Console son herramientas indispensables para comprender el comportamiento de los usuarios, la eficacia de la estrategia de marketing digital y la salud del sitio web.

En este capítulo, abordaremos los aspectos básicos de Google Analytics y Google Search Console, así como la forma de configurarlas para su tienda en línea.

Google Analytics

Google Analytics es una herramienta gratuita de análisis web que permite a los propietarios de sitios web rastrear el tráfico y el comportamiento de los usuarios en su sitio. Con Google Analytics, se pueden obtener informes detallados sobre el rendimiento del sitio, el comportamiento del usuario, las conversiones y mucho más.

Para configurar Google Analytics en su tienda en línea, debe seguir los siguientes pasos:

1. Cree una cuenta de Google Analytics

Lo primero que debe hacer es crear una cuenta de Google Analytics en su página. Si ya tiene una cuenta de Google, puede iniciar sesión y crear una cuenta de Analytics, sino deberás crear una cuenta de Google primero.

2. Agregue su sitio web

Después de crear su cuenta, deberá agregar su sitio web a Google Analytics. Para ello, debe hacer clic en "Administrar" y luego en "Crear una cuenta". Introduzca la información solicitada, incluyendo el nombre de su sitio web y la URL.

3. Obtenga su código de seguimiento

Después de agregar su sitio web, Google Analytics generará un código de seguimiento. Este código debe ser agregado a su sitio web antes de que pueda comenzar a recopilar datos.

Figura 24.1 Vista Audiencia en Google Analytics

4. Configure sus objetivos

Los objetivos son metas que desea alcanzar en su sitio web, como una venta o una suscripción. Para configurar un objetivo, haga clic en "Objetivos" en el menú de la izquierda y siga las instrucciones.

Google Search Console

Google Search Console es una herramienta gratuita que le permite supervisar y mantener su sitio web en los resultados de búsqueda de Google. Con Search Console, puede comprobar que su sitio se está indexando correctamente, supervisar el rendimiento de la búsqueda, solucionar problemas de indexación y recibir alertas en caso de que se produzcan problemas de seguridad.

Para configurar Google Search Console en su tienda en línea, debe seguir los siguientes pasos:

1. Cree una cuenta de Google Search Console

Lo primero que debe hacer es crear una cuenta de Google Search Console en el sitio web oficial. Si ya tiene una cuenta de Google, puede iniciar sesión y crear una cuenta de Search Console.

2. Agregue su sitio web

Después de crear su cuenta, deberá agregar su sitio web a Google Search Console. Para ello, debe hacer clic en "Agregar propiedad" y luego introducir la URL de su sitio web.

3. Verifique su sitio web

Después de agregar su sitio web, Google Search Console le pedirá que verifique que es el propietario del sitio. Hay varias formas de verificar la propiedad del sitio, como agregar un código de verificación en la etiqueta de encabezado de su sitio o subir un archivo HTML a su sitio.

4. Configure sus preferencias de usuario

Una vez que haya verificado la propiedad de su sitio, puede configurar sus preferencias de usuario en Google Search Console. Puede recibir notificaciones de correo electrónico sobre problemas importantes en su sitio web y personalizar sus preferencias de visualización de datos.

Figura 24.2 Vista Descripción general en Google Search Console

Una vez configuradas las cuentas de Google Analytics y Google Search Console, es importante entender cómo utilizarlas para obtener información útil sobre la tienda online y mejorar su rendimiento. A continuación, se presentan algunas de las métricas (medidas cuantitativas utilizadas para evaluar, analizar y monitorizar) y herramientas clave en ambas plataformas:

En Google Analytics, es importante realizar un seguimiento de la tasa de rebote, que mide la cantidad de visitantes que abandonan el sitio después de ver solo una página, así como la duración promedio de la sesión y la tasa de conversión (en caso de haber sido configurada). Estos datos pueden ayudar a identificar áreas problemáticas del sitio y tomar medidas para mejorar la experiencia del usuario. También es importante analizar el tráfico por fuente (como búsqueda orgánica, publicidad de pago, redes sociales, etc.) para comprender qué canales de marketing están funcionando mejor y cómo se pueden optimizar las campañas de publicidad y marketing en el futuro.

En Google Search Console, se puede utilizar la herramienta de palabras clave para identificar las consultas de búsqueda que conducen a la tienda online y ajustar el contenido del sitio para optimizar la visibilidad en los resultados de búsqueda. También es útil monitorear el rendimiento de los enlaces internos y externos para asegurarse de que los visitantes estén encontrando la información relevante y de alta calidad que buscan.

Es importante recordar que tanto Google Analytics como Google Search Console pueden proporcionar una gran cantidad de información sobre el rendimiento del sitio y los patrones de tráfico. Sin embargo, para aprovechar al máximo estas herramientas, es fundamental dedicar tiempo a analizar y comprender los datos y ajustar las estrategias en consecuencia.

Además de estas herramientas, existen muchos otros servicios y herramientas de terceros disponibles que pueden ayudar a optimizar el rendimiento de una tienda online. Algunas de las herramientas más populares son:

- SEMrush: una herramienta de análisis de SEO todo en uno que ofrece informes detallados sobre la competencia, el tráfico, las palabras clave y las tendencias de la industria. SEMrush también cuenta con herramientas para la investigación de palabras clave, la auditoría de sitios web y la gestión de campañas publicitarias.
- Lucky Orange: una herramienta de seguimiento de visitantes que permite a los propietarios de sitios web ver cómo los visitantes interactúan con su sitio. Lucky Orange ofrece informes sobre el comportamiento de los visitantes, mapas de calor, grabaciones de sesiones de usuario, etc.
- Ahrefs: una herramienta de análisis de SEO que proporciona informes detallados sobre el perfil de enlaces y la estrategia de palabras clave de un sitio web. Ahrefs también cuenta con herramientas para la investigación de palabras clave, la auditoría de sitios web y la gestión de campañas publicitarias.
- GTmetrix: una herramienta de análisis de velocidad de página que proporciona informes detallados sobre el tiempo de carga, el tamaño de página y la cantidad de solicitudes HTTP. Esta herramienta puede ser muy útil para identificar cuellos de botella y optimizar el rendimiento de la página.

Figura 24.3 Visión general de palabras clave en Semrush

Figura 24.4 Resultado de análisis de una web en Gtmetrix

Es importante dedicar tiempo a comprender los datos que se proporcionan en Google Analytics y Google Search y ajustar las estrategias en consecuencia para mejorar la experiencia del usuario, aumentar el tráfico y las conversiones, y maximizar la rentabilidad. Además, existen muchas otras herramientas y servicios disponibles que pueden ayudar a complementar estas soluciones y mejorar aún más el rendimiento de la tienda online.

CAPÍTULO 25
CAMPAÑAS PUBLICITARIAS EN GOOGLE ADS

Una vez que se ha creado una tienda en línea, es importante hacerla visible para los usuarios y aumentar su tráfico. Aunque hay muchas formas de hacerlo, una de las más efectivas es a través de las campañas publicitarias en Google Ads.

Google Ads es una plataforma publicitaria en línea desarrollada por Google que permite a los anunciantes mostrar sus anuncios en los resultados de búsqueda de Google y en otras ubicaciones gestionadas por Google. Con Google Ads, los anunciantes pueden llegar a una audiencia específica basada en sus intereses, comportamientos de búsqueda y ubicación geográfica. La plataforma también permite a los anunciantes pagar por clic, lo que significa que solo pagan por los clics reales en sus anuncios.

Las campañas publicitarias en Google Ads son una forma muy efectiva de atraer tráfico a una tienda en línea recién creada. A diferencia del SEO, que puede tardar semanas o incluso meses en dar resultados, las campañas publicitarias pueden generar tráfico instantáneo. Además, es una excelente manera de generar tráfico mientras se trabaja en la optimización del sitio web para el SEO.

Al crear una campaña publicitaria en Google Ads, es importante seleccionar las palabras clave adecuadas. Las palabras clave son los términos de búsqueda que los usuarios ingresan en Google para encontrar lo que están buscando. Es importante seleccionar palabras

106

clave que estén directamente relacionadas con los productos o servicios que se ofrecen en la tienda en línea. También es importante evitar palabras clave genéricas y centrarse en las palabras clave de cola larga, que son más específicas y tienen una intención de compra más fuerte.

Las palabras clave genéricas son términos amplios y muy buscados que tienen múltiples significados. Por ejemplo, "zapatos" es una palabra clave genérica. Una persona que busca "zapatos" en Google podría estar interesada en comprar zapatos, pero también podría estar buscando información sobre la historia de los zapatos o sobre cómo hacer zapatos.

Por otro lado, las palabras clave de cola larga son frases más específicas y detalladas que los usuarios escriben en Google para encontrar resultados más relevantes. Por ejemplo, "zapatos de running para mujeres con mucho empeine" es una palabra clave de cola larga. Una persona que busca esta frase es más probable que tenga una intención de compra, ya que está buscando un producto muy específico.

Las palabras clave de cola larga suelen tener una intención de compra más fuerte porque las personas que las buscan tienen una idea clara de lo que quieren y están buscando soluciones específicas a sus necesidades. Además, suelen tener una competencia menor que las palabras clave genéricas, lo que puede resultar en un costo por clic (CPC) más bajo en la campaña publicitaria.

Otro aspecto importante de las campañas publicitarias en Google Ads es la segmentación del público. La segmentación del público permite a los anunciantes mostrar sus anuncios a una audiencia específica basada en la ubicación geográfica, el idioma, la edad, el género, los intereses y más. Al segmentar el público, los anunciantes pueden asegurarse de que sus anuncios se muestren a las personas adecuadas, lo que puede aumentar la tasa de clics y la conversión.

Además, las campañas publicitarias en Google Ads pueden ser una forma efectiva de generar conciencia de marca. Incluso si los usuarios no hacen clic en los anuncios, pueden recordar la marca y el nombre de la tienda en línea en el futuro. Esto puede ser especialmente útil para tiendas en línea que venden productos de nicho o que tienen una competencia fuerte en el mercado.

Otra opción para maximizar la efectividad de las campañas publicitarias en Google Ads es a través de la utilización de palabras clave negativas. Las palabras clave negativas son aquellas palabras que no deseas que se asocien con tus anuncios, por lo que cuando alguien realiza una búsqueda que incluya esas palabras, tu anuncio no aparecerá. Por ejemplo, si vendes zapatos deportivos pero no tienes zapatos para correr en tu inventario, puedes agregar "correr" como palabra clave negativa para evitar que los usuarios que buscan zapatos para correr hagan clic en tus anuncios.

Figura 25.1 El planificador de palabras clave en Google Ads puede ayudarte con el estudio de palabras clave

Además, es importante destacar que las campañas publicitarias en Google Ads pueden salir muy caras si no se gestionan correctamente. Por lo tanto, es recomendable contar con un especialista en publicidad digital o una agencia certificada de Google Partners para ayudar a optimizar y administrar tus campañas. Los Partners de Google son agencias certificadas que han demostrado su experiencia en la administración de campañas publicitarias en Google Ads y pueden ayudarte a maximizar el rendimiento de tus anuncios y reducir el coste por clic.

Como resumen se puede decir que las campañas publicitarias en Google Ads pueden ser una excelente manera de generar tráfico a tu tienda en línea y aumentar las ventas, especialmente cuando se lanzan campañas de forma temprana para aumentar la visibilidad. Si bien existen muchos factores que influyen en el éxito de una campaña publicitaria en Google Ads, la investigación y la segmentación adecuadas, la selección cuidadosa de palabras clave y la optimización continua son esenciales para lograr los mejores resultados posibles. Además, es importante contar con la ayuda de un especialista en publicidad digital o una agencia de Google Partners para maximizar la efectividad de tus campañas y minimizar el coste.

CAPÍTULO 26
SEGUIMIENTO DE LOS RESULTADOS DE LAS
CAMPAÑAS DE GOOGLE ADS

Una vez que has creado y lanzado tus campañas publicitarias en Google Ads, es esencial realizar un seguimiento constante de los resultados para poder ajustarlas y optimizarlas y obtener el mayor rendimiento posible de tu inversión publicitaria.

Para hacer un seguimiento efectivo de las campañas de Google Ads, es necesario utilizar la herramienta Google Ads y Google Analytics de manera combinada. Google Ads te proporciona información detallada sobre las métricas de rendimiento de las campañas.

Por otro lado, Google Analytics te ofrece información valiosa sobre el comportamiento de los usuarios en tu sitio web, como la duración de la sesión, la tasa de rebote, las páginas visitadas y las conversiones.

Para aprovechar al máximo la información que proporcionan estas herramientas, es importante configurar correctamente la integración entre ellas. Esto te permitirá ver cómo las campañas de Google Ads están generando tráfico a tu sitio web y cómo los usuarios interactúan con él. Por ejemplo, puedes ver qué páginas visitan los usuarios después de hacer clic en un anuncio, qué acciones realizan en tu sitio web y cuántos de ellos completan una conversión.

Algunas de las métricas clave que se deben seguir incluyen la tasa de clics (CTR), el coste por clic (CPC), la tasa de conversión, el coste por conversión y el retorno de la inversión publicitaria (ROAS). Cada una de estas métricas proporciona información valiosa sobre el rendimiento de la campaña y su efectividad para impulsar el tráfico y las ventas en la tienda en línea.

Otra herramienta útil para el seguimiento de campañas de Google Ads es el seguimiento de conversiones. El seguimiento de conversiones te permite realizar un seguimiento de las acciones que los usuarios realizan en tu sitio web después de hacer clic en un anuncio de Google Ads. Por ejemplo, puedes hacer un seguimiento de cuántos usuarios completan una compra, se registran para recibir un boletín informativo o rellenan un formulario de contacto.

Para configurar el seguimiento de conversiones, debes instalar un fragmento de código en las páginas de agradecimiento que se muestran después de que los usuarios completen una conversión, o integrar objetivos de Google Analytics en Google Ads. Una vez que hayas configurado el seguimiento de conversiones, podrás ver con precisión el ROI (retorno sobre inversión) de tus campañas publicitarias en Google Ads.

Figura 26.1 Sección de nueva acción de conversión en Google Ads

El seguimiento de los resultados de las campañas de Google Ads es esencial para ajustar y optimizar tus campañas y obtener el mayor rendimiento posible de tu inversión publicitaria. Para hacer un seguimiento efectivo de tus campañas, es importante utilizar las herramientas de Google Ads y Google Analytics de manera combinada, configurar el seguimiento de conversiones y, si es necesario, utilizar herramientas de terceros para obtener información adicional sobre el rendimiento de tus campañas publicitarias.

PARTE 6: PROMOCIÓN EN REDES SOCIALES

CAPÍTULO 27
ELECCIÓN DE LAS REDES SOCIALES ADECUADAS PARA LA TIENDA ONLINE

Las redes sociales se han convertido en una herramienta fundamental para la promoción y el marketing de las tiendas online. Cada red social tiene su propio enfoque y audiencia, por lo que es importante elegir aquellas que sean más relevantes para el negocio y su público objetivo.

- Facebook: Es la red social más grande y con más usuarios en el mundo. Permite la creación de una página de empresa, donde se pueden publicar actualizaciones, fotos y vídeos. Facebook también ofrece la posibilidad de crear anuncios segmentados y de medir su rendimiento a través de su plataforma de análisis.

- Instagram: Esta red social ha crecido rápidamente en popularidad en los últimos años, especialmente entre los consumidores más jóvenes. Instagram se centra en el contenido visual, por lo que es una gran opción para los negocios que venden productos físicos y pueden mostrarlos en fotos y vídeos. Además, Instagram ofrece una amplia gama de herramientas publicitarias y analíticas.

- Twitter: Es una red social centrada en el contenido breve y rápido. Es una buena opción para las empresas que desean compartir actualizaciones en tiempo real, como promociones o lanzamientos de nuevos productos.

- Tiktok: Es una plataforma de redes sociales que permite a los usuarios crear y compartir videos cortos. Los usuarios pueden agregar música, efectos de sonido y filtros a sus videos. Cada vez más empresas y marcas están utilizando esta plataforma para promocionar sus productos y servicios a través de publicidad y colaboraciones con influencers (creadores de contenido influyentes).

- YouTube: Es la plataforma de video más grande del mundo. Es una excelente opción para las tiendas en línea que desean compartir videos de sus productos, videotutoriales y otros contenidos relacionados con cualquier temática. YouTube también permite la publicidad segmentada y la medición de su rendimiento.

- LinkedIn: Es una red social centrada en el mundo profesional y empresarial. Es una buena opción para las empresas que buscan conectarse con otros profesionales, construir su marca y generar leads de negocios. LinkedIn también ofrece herramientas publicitarias y de análisis para los negocios.

- Pinterest: Esta red social es una gran opción para las tiendas en línea que venden productos físicos, especialmente aquellos que están visualmente orientados. Las empresas pueden crear tableros de productos y otros contenidos relacionados con su industria. Pinterest también ofrece publicidad segmentada y herramientas analíticas.

Es importante destacar que no todas las redes sociales son adecuadas para todas las empresas. Es necesario realizar una investigación sobre el público objetivo, la industria y los objetivos de la empresa para determinar cuáles son las redes sociales adecuadas para el negocio. Una vez elegidas las redes sociales adecuadas, es importante mantener una presencia activa y consistente en ellas, publicar contenido relevante y de alta calidad, interactuar con los seguidores y medir el rendimiento de la estrategia de redes sociales.

Figura 27.1 Página principal de Facebook

CAPÍTULO 28
CREACIÓN DE PERFILES EN FACEBOOK E INSTAGRAM

En la actualidad, las redes sociales se han convertido en una herramienta fundamental para la promoción y venta de productos en línea. Facebook e Instagram son dos de las redes sociales más populares. A continuación, presentamos algunos consejos para ayudarte a crear un perfil de negocio en estas dos plataformas:

- **Crea una página de Facebook e Instagram para tu tienda en línea.**

El primer paso es crear una página en Facebook e Instagram. Al crear una página, podrás conectarte con tus clientes y compartir información sobre tus productos y servicios.

En ambas redes sociales, es importante que selecciones el tipo de página adecuado para tu negocio. En Facebook, existen varios tipos de páginas, como negocio local, organización sin fines de lucro, marca o producto. En Instagram, puedes crear una cuenta personal o comercial. Es importante que selecciones el tipo de página adecuado para tu negocio, ya que esto te permitirá utilizar todas las funcionalidades en cada plataforma.

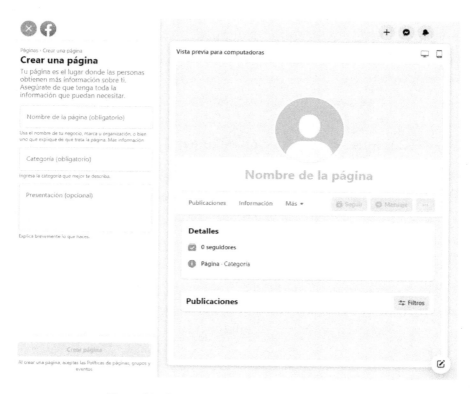

Figura 28.1 Sección crear una página en Facebook

- **Seleccione una imagen de perfil y una foto de portada atractivas.**

La imagen de perfil y la foto de portada son dos elementos clave para atraer la atención de los usuarios en ambas plataformas. Es importante que ambas imágenes sean de alta calidad y que reflejen la identidad de tu marca.

La imagen de perfil debe ser fácilmente identificable y reconocible, para que los usuarios puedan asociarla con tu marca. Si tienes un logotipo, puedes utilizarlo como imagen de perfil. En caso contrario, puedes utilizar una foto que represente tu marca.

La foto de portada, por otro lado, debe ser utilizada para mostrar nuevos productos o promociones. Puedes utilizar una foto de alta calidad que refleje la identidad de tu marca. También puedes utilizar la foto de portada para promocionar una oferta especial o una promoción de temporada.

- **Completa la información de tu perfil.**

Es importante que completes toda la información de tu perfil, incluyendo una descripción de tu tienda en línea, tu dirección de correo electrónico, tu número de teléfono y la dirección de tu web. En Instagram, asegúrate de agregar un enlace a tu tienda online en tu biografía.

En la descripción de tu perfil, debes ser claro y conciso al describir tu tienda en línea. Asegúrate de mencionar los productos y servicios que ofreces y cualquier promoción u oferta especial que tengas actualmente disponible.

- **Publica contenido de calidad.**

Para mantener a tus seguidores interesados y atraer nuevos seguidores, debes publicar contenido de calidad regularmente. Puedes publicar fotos de tus productos, videos de tutoriales o reseñas de productos. Asegúrate de que tu contenido sea atractivo y relevante para tu audiencia.

Es importante que publiques contenido regularmente en ambas plataformas. Esto te permitirá mantener a tus seguidores interesados y atraer nuevos seguidores. Si no tienes tiempo para publicar contenido regularmente, puedes utilizar herramientas de programación de publicaciones, como Hootsuite o Metricool, para programar tus publicaciones en ambas plataformas.

Figura 28.2 Página de Hootsuite

- **Interactúa con tus seguidores**

Para construir una comunidad de buenos seguidores, es importante que interactúes con ellos. Responde a sus comentarios y mensajes directos, y participa en conversaciones.

Si un usuario comenta en una publicación de tu página, debes responder lo más rápidamente posible. Esto demuestra a los usuarios que estás interesado en ellos y que valoras su opinión. Si recibes un mensaje directo, asegúrate de responder en un plazo de tiempo razonable. Esto te permitirá establecer una buena relación con tus seguidores.

También puedes participar en conversaciones en línea. Si un usuario menciona tu marca en una publicación o en un comentario, puedes responder y/o unirte a la conversación. Esto te permitirá interactuar con tus seguidores y construir una buena comunidad de seguidores.

Promociona tus perfiles en línea.

Para atraer nuevos seguidores a tu perfil de Facebook e Instagram, es importante promocionar tus perfiles en línea. Agrega enlaces a tus perfiles sociales en tu web, esto permitirá visitar tu perfil en Facebook e Instagram y seguirte. También puedes agregar enlaces a tus perfiles en tu firma de correo electrónico, lo que permitirá a los destinatarios de tu correo electrónico visitar tu perfil en ambas plataformas.

Si deseas atraer nuevos seguidores de manera más rápida, puedes utilizar publicidad en línea. Facebook e Instagram ofrecen opciones de publicidad en línea para promocionar perfiles y páginas. Puedes crear anuncios que dirijan a los usuarios a tu perfil en ambas plataformas.

CAPÍTULO 29
CREACIÓN DE CONTENIDO PARA REDES SOCIALES

Algunas estrategias clave para crear contenido atractivo y efectivo en redes sociales son:

Comprende a tu audiencia

Antes de comenzar a crear contenido para tus perfiles de redes sociales, es importante que comprendas a tu audiencia. ¿Quiénes son tus seguidores? ¿Cuáles son sus intereses y necesidades? Comprender a tu audiencia te permitirá crear contenido relevante y atractivo para ellos.

Para comprender a tu audiencia, puedes utilizar herramientas de análisis de redes sociales, como Facebook Insights o Instagram Insights. Estas herramientas te proporcionarán información sobre la demografía de tus seguidores, sus intereses y sus comportamientos en línea.

Una vez que comprendas a tu audiencia, podrás crear contenido que resuene con ellos y que los motive a interactuar con tu marca.

Publica contenido de calidad

Tal y como se comentaba en el capítulo anterior, el contenido de calidad es crucial para atraer a tus seguidores y mantenerlos interesados en tu marca. Es importante que publiques contenido que sea relevante para tu audiencia.

Puedes publicar contenido de diferentes tipos, como fotos, videos, publicaciones de texto y retransmisiones en vivo. Asegúrate de que tu contenido sea visual y que refleje la identidad de tu marca.

También es importante que publiques contenido cada poco tiempo. Si publicas contenido de manera consistente, tus seguidores esperarán ver tu contenido y estarán más interesados en interactuar con tu marca.

Crea tutoriales y guías

Los tutoriales y guías son una excelente manera de proporcionar valor a tus seguidores. Los tutoriales y guías pueden ayudar a tus seguidores a resolver problemas o aprender algo nuevo relacionado con tu marca o producto.

Puedes crear tutoriales y guías en diferentes formatos, como videos o publicaciones de texto. Asegúrate de que el contenido sea fácil de entender y que proporcione información valiosa a tus seguidores.

Utiliza llamadas a la acción

Los llamados a la acción son una excelente manera de motivar a tus seguidores a interactuar con tu marca. Los llamados a la acción pueden ser utilizados para pedir a tus seguidores que realicen una acción específica, como comentar en una publicación, compartir una publicación o visitar tu sitio web.

Los llamados a la acción pueden ser utilizados en diferentes tipos de contenido, como publicaciones de texto o videos. Asegúrate de que tus llamados a la acción sean claros y que proporcionen una razón para que tus seguidores interactúen con tu marca.

Realiza publicaciones temáticas

Las publicaciones temáticas pueden ayudarte a aumentar el compromiso de tus seguidores y a atraer nuevos seguidores. Las publicaciones temáticas pueden ser relacionadas con un evento o temporada específica, como Navidad o el Día de San Valentín.

Puedes crear publicaciones temáticas que reflejen el espíritu de la temporada o evento. Por ejemplo, si es Navidad, puedes crear publicaciones que muestren productos festivos o regalos recomendados para la temporada.

Las publicaciones temáticas pueden ayudarte a conectarte con tu audiencia de una manera más emocional y atraer su atención.

Realiza transmisiones en vivo

Las transmisiones en vivo son una excelente manera de conectarte con tus seguidores y aumentar su compromiso. Las transmisiones en vivo pueden ser utilizadas para mostrar nuevos productos, proporcionar actualizaciones sobre la marca o incluso para responder preguntas de los seguidores.

Las transmisiones en vivo pueden ser realizadas en diferentes formatos, como preguntas y respuestas, tutoriales o presentaciones. Asegúrate de que tu contenido sea relevante y atractivo para tu audiencia.

Utiliza hashtags relevantes

Los hashtags son una excelente manera de aumentar la visibilidad de tu contenido en línea. Los hashtags pueden ser utilizados para clasificar y buscar contenido relacionado con un tema o palabra clave específicos.

Puedes utilizar hashtags relevantes en tus publicaciones para que tus seguidores puedan encontrar tu contenido más fácilmente. También puedes utilizar hashtags en campañas publicitarias en línea para aumentar la visibilidad de tu contenido.

Asegúrate de utilizar hashtags relevantes y de que los hashtags sean fáciles de recordar para tus seguidores.

Realiza concursos y sorteos

Los concursos y sorteos son una excelente manera de aumentar la participación y el compromiso de tus seguidores. Los concursos y sorteos pueden ser utilizados para incentivar a tus seguidores a interactuar con tu marca o para atraer nuevos seguidores.

Puedes crear concursos y sorteos que sean relevantes para tu marca o producto. Por ejemplo, si vendes ropa, puedes crear un concurso de fotos que muestre cómo los clientes están utilizando tus productos.

Asegúrate de que tus concursos y sorteos sean fáciles de participar y que las reglas sean claras.

Al hacer concursos, recuerda que por ejemplo, ya no se permite pedir a los usuarios de Facebook que utilicen sus biografías personales o conexiones con amigos para participar en concursos. Anteriormente, esto era una práctica común que resultaba en una experiencia de usuario negativa y, por lo tanto, se ha eliminado. Las prácticas permitidas incluyen pedir a los usuarios que den "me gusta" o comenten en una publicación, o que envíen un mensaje a la página de la empresa. Sin embargo, no está permitido pedirles que compartan la publicación en sus biografías, etiqueten a amigos o compartan la publicación en las biografías de sus amigos.

En resumen, la creación de contenido efectivo en redes sociales para tiendas en línea es clave para atraer y mantener a tus seguidores interesados en tu marca. Comprender a tu audiencia, publicar contenido de calidad, utilizar contenido generado por el usuario, crear tutoriales y guías, utilizar llamados a la acción, realizar publicaciones temáticas, realizar transmisiones en vivo, utilizar hashtags relevantes y realizar concursos y sorteos son algunas de las estrategias clave que puedes utilizar para crear contenido efectivo en Facebook e Instagram. Al seguir estas estrategias, podrás aumentar la visibilidad de tu marca, atraer nuevos seguidores y mantener a tus seguidores comprometidos.

CAPÍTULO 30
PLANIFICACIÓN DE LAS PUBLICACIONES EN REDES SOCIALES

La estrategia de marketing en línea de cualquier negocio o tienda en línea requiere de un enfoque completo, y dentro de esta estrategia, la creación de contenido en redes sociales es fundamental. Para ello, es crucial pensar con anticipación el tipo de contenido, cuándo será publicado y cómo será presentado.

Crear contenido relevante y atractivo es esencial para aumentar la probabilidad de que este contenido sea visto y compartido en redes sociales. Así, se asegura de que los seguidores se mantengan comprometidos y de que la marca tenga una presencia sólida en estas plataformas.

La planificación de publicaciones también permite maximizar el tiempo y recursos de la empresa. Al planificar con anticipación, se puede crear contenido de manera más eficiente y publicar en momentos estratégicos, lo que permite llegar a la audiencia en el momento adecuado.

Las estrategias más importantes que se deben tener en cuenta a la hora de la planificación en redes sociales son:

- **Establece objetivos claros**

Antes de comenzar a planificar tus publicaciones en redes sociales, es importante que establezcas objetivos claros. ¿Qué esperas lograr con tus publicaciones en redes sociales? ¿Quieres aumentar el compromiso de tus seguidores o atraer nuevos seguidores? ¿Quieres aumentar las ventas de tu tienda en línea?

Al establecer objetivos claros, podrás crear contenido que sea relevante y atractivo para tus seguidores y que te permita alcanzar tus objetivos.

- **Utiliza un calendario editorial**

Un calendario editorial (de cuando publicar) te permitirá organizar tu contenido y asegurarte de que estás publicando contenido regularmente.

Un calendario editorial también te permitirá planificar tu contenido en función de eventos importantes, fechas de lanzamientos o campañas de marketing. Además, un calendario editorial te permitirá tener una vista general de tu contenido y asegurarte de que tu contenido sea variado y relevante.

- **Identifica los mejores momentos para publicar**

Es importante publicar contenido en el momento adecuado para aumentar la visibilidad y el compromiso de tus seguidores. Los mejores momentos para publicar pueden variar según la red social y la audiencia.

Puedes utilizar herramientas de análisis de redes sociales para determinar cuáles son los mejores momentos para publicar en cada plataforma. También puedes experimentar con diferentes horarios de publicación y evaluar los resultados.

- **Crea una variedad de contenido**

Para mantener a tus seguidores interesados en tu marca, es importante que publiques una variedad de contenido en tus perfiles de redes sociales.

Puedes crear diferentes tipos de contenido, como fotos, videos, publicaciones de texto, transmisiones en vivo, gráficos y más. Asegúrate de que tu contenido sea visualmente atractivo y que refleje la identidad de tu marca.

- **Aprovecha las tendencias**

Las tendencias pueden ser una excelente manera de aumentar la visibilidad de tu contenido en línea. Puedes aprovechar las tendencias para crear contenido que sea relevante y atractivo para tu audiencia.

Las tendencias pueden ser utilizadas para crear publicaciones temáticas o para crear contenido relacionado con eventos importantes o temporadas. Asegúrate de que tu contenido sea relevante y que se ajuste a la identidad de tu marca.

- **Utiliza publicaciones programadas**

Las publicaciones programadas pueden ser una excelente manera de ahorrar tiempo y planificar tu contenido.

Puedes utilizar herramientas de programación de publicaciones. Esto te permitirá asegurarte de que estás publicando contenido regularmente y que tu contenido es más variado y relevante, ya que cuando se publica sin programación, se tiende a repetir más la información, que cuando ésta ha sido programada previamente.

Figura 30.1 Hootsuite te puede ayudar para programar tus publicaciones

- **Evalúa los resultados**

Es importante evaluar los resultados de tus publicaciones en redes sociales para determinar qué estrategias están funcionando y qué estrategias necesitan ser revisadas.

Puedes utilizar herramientas de análisis de redes sociales para evaluar a tus seguidores, el alcance de tus publicaciones y otros indicadores. También puedes analizar comentarios y opiniones de tus seguidores para evaluar el éxito de tus publicaciones.

Al analizar los resultados de tus publicaciones en redes sociales, podrás ajustar tus estrategias y mejorar la eficacia de tus publicaciones en el futuro.

- **Sé consistente**

La consistencia en la publicación de contenido es clave para mantener a tus seguidores comprometidos y aumentar la visibilidad de tu marca. Es importante que publiques contenido regularmente y que mantengas una programación coherente.

Puedes utilizar un calendario editorial para planificar tus publicaciones y asegurarte de que estás publicando contenido regularmente. También puedes utilizar herramientas de programación de publicaciones para publicar contenido automáticamente en momentos específicos.

- **Adaptarse a los cambios en las tendencias de redes sociales**

Las tendencias en redes sociales pueden cambiar rápidamente y es importante que te mantengas al día con los últimos cambios y tendencias. Esto te permitirá crear contenido relevante y atractivo para tu audiencia.

Puedes utilizar herramientas de análisis de redes sociales para monitorear los cambios en las tendencias de redes sociales. También puedes seguir a expertos del sector y estar al tanto de las últimas noticias.

- **Utiliza anuncios pagados**

Los anuncios pagados pueden ser una excelente manera de aumentar la visibilidad de tu contenido. Los anuncios pagados pueden ser utilizados para promocionar tu contenido y llegar a una audiencia más amplia.

Puedes utilizar herramientas de publicidad en línea, como Facebook Ads o Google Ads, para crear campañas publicitarias que sean efectivas. Asegúrate de que tu contenido publicitario sea relevante y atractivo para tu audiencia.

En resumen, la planificación de las publicaciones en redes sociales es clave para mantener a tus seguidores comprometidos y aumentar la visibilidad de tu marca. Establecer objetivos claros, utilizar un calendario editorial, identificar los mejores momentos para publicar, crear una variedad de contenido, aprovechar las tendencias, utilizar publicaciones programadas, evaluar los resultados, ser consistente, adaptarse a los cambios en las tendencias de redes sociales y utilizar anuncios pagados son algunas de las estrategias clave que puedes utilizar para planificar tus publicaciones en redes sociales. Al seguir estas estrategias, podrás aumentar la visibilidad de tu marca, atraer nuevos seguidores y mantener a tus seguidores comprometidos.

CAPÍTULO 31
CREACIÓN DE CAMPAÑAS PUBLICITARIAS EN FACEBOOK E INSTAGRAM

Las campañas publicitarias en Facebook e Instagram son una buena herramienta para llegar a una audiencia más amplia y aumentar la visibilidad de tu marca.

A continuación, se detallan algunos de los beneficios de realizar campañas publicitarias en estas dos redes sociales:

- **Aumento de la visibilidad.**

Las campañas publicitarias en Facebook e Instagram pueden aumentar la visibilidad de tu marca en línea. Estas campañas te permiten llegar a una audiencia más amplia y aumentar la conciencia de tu marca en línea.

Al aumentar la visibilidad de tu marca, puedes atraer nuevos seguidores y aumentar el tráfico de tu tienda.

- **Segmentación de audiencia.**

Las campañas publicitarias en Facebook e Instagram te permiten segmentar tu audiencia y llegar a los usuarios que son más relevantes para tu marca. Puedes segmentar tu audiencia según la ubicación, la edad, los intereses y otros factores demográficos.

La segmentación de audiencia te permite llegar a un público específico y aumentar la eficacia de tus campañas publicitarias.

- **Mayor compromiso de la audiencia.**

Las campañas publicitarias en Facebook e Instagram pueden aumentar el compromiso de tu audiencia. Estas campañas te permiten llegar a usuarios que están más interesados en tu marca y en tus productos.

Al aumentar el compromiso de tu audiencia, puedes aumentar las conversiones y ventas en tu tienda en línea.

- **Mejor retorno de inversión.**

Las campañas publicitarias en Facebook e Instagram pueden ofrecer un mejor retorno de inversión que otros tipos de publicidad. Estas campañas te permiten llegar a una audiencia más amplia y segmentada y aumentar el compromiso de la audiencia.

Al aumentar el retorno de inversión, puedes obtener un mayor beneficio de tus campañas publicitarias y utilizar estos fondos para hacer crecer más tu negocio.

- **Seguimiento y análisis.**

Las campañas publicitarias en Facebook e Instagram te permiten realizar un seguimiento y análisis de tus campañas en tiempo real. Estas herramientas te permiten ver cómo está funcionando tu campaña en línea y hacer ajustes en tiempo real para mejorar la eficacia de tu campaña.

El seguimiento y análisis te permite mejorar la eficacia de tus campañas publicitarias y obtener un mayor retorno de inversión en tus esfuerzos de marketing en línea.

Las campañas publicitarias en Facebook e Instagram son una herramienta efectiva para llegar a una audiencia más amplia y aumentar la visibilidad de tu marca. La segmentación de audiencia, el aumento del compromiso de la audiencia, el retorno de inversión, el seguimiento y análisis son algunos de los beneficios de las campañas publicitarias en estas dos redes sociales. Al utilizar estas herramientas puedes mejorar la eficacia de tus esfuerzos de marketing y hacer crecer tu negocio.

PARTE 7: FIDELIZACIÓN DE CLIENTES Y ATENCIÓN AL CLIENTE

CAPÍTULO 32
CREACIÓN DE UN PROGRAMA DE FIDELIZACIÓN

Un programa de fidelización es una buena estrategia para mantener a los clientes comprometidos y mejorar la lealtad a largo plazo en una tienda en línea. Los programas de fidelización pueden incluir incentivos, descuentos y recompensas para los clientes que compran con frecuencia.

Algunos de los beneficios de crear un programa de fidelización para tu tienda online son:

- **Aumento de la lealtad del cliente**

Los programas de fidelización pueden aumentar la lealtad del cliente a largo plazo. Al ofrecer incentivos y recompensas a los clientes que compran con frecuencia, puedes mejorar la satisfacción del cliente y asegurarte de que vuelvan a comprar.

- **Aumento de las ventas**

Los programas de fidelización pueden aumentar las ventas de tu tienda en línea. Al ofrecer descuentos y recompensas a los clientes que compran con frecuencia, puedes alentarlos a comprar más y con más frecuencia.

- **Mayor satisfacción del cliente**

Los programas de fidelización pueden mejorar la satisfacción del cliente. Al ofrecer recompensas y descuentos a los clientes, les muestras que valoras tu negocio y que estás comprometido con su satisfacción.

- **Aumento del boca a boca**

Los programas de fidelización pueden aumentar el boca a boca. Al ofrecer incentivos a los clientes, puedes alentarlos a compartir su experiencia con amigos y familiares, lo que puede atraer nuevos clientes.

Una vez expuestos los beneficios de crear un programa de fidelización, te presentamos a continuación algunos consejos para crear dicho programa de fidelización:

- **Identifica a tu audiencia**

Antes de crear un programa de fidelización, es importante que identifiques a tu audiencia y lo que les interesa. ¿Qué incentivos serían atractivos para tus clientes? ¿Qué tipo de recompensas les gustaría recibir?

Al conocer a tu audiencia, podrás crear un programa de fidelización que sea atractivo y relevante para tus clientes.

- **Establece objetivos claros**

Antes de crear un programa de fidelización, es importante que establezcas objetivos claros. ¿Qué esperas lograr con tu programa de fidelización? ¿Quieres aumentar las ventas o mejorar la satisfacción del cliente?

Al establecer objetivos claros, podrás crear un programa de fidelización que sea relevante.

- **Ofrece incentivos relevantes**

Es importante que ofrezcas incentivos relevantes a tus clientes. Puedes ofrecer descuentos en futuras compras, envío gratuito o regalos exclusivos a los clientes que compran con frecuencia.

Al ofrecer incentivos relevantes, puedes alentar a tus clientes a comprar más y con más frecuencia.

- **Crea un programa de puntos**

Un programa de puntos es una buena forma de crear un programa de fidelización. Puedes otorgar puntos a los clientes por cada compra y permitirles canjear estos puntos por descuentos, regalos o envíos gratuitos.

Un programa de puntos también puede animar a los clientes a comprar más y con más frecuencia en tu tienda para obtener más puntos y recompensas.

- **Comunica claramente el programa de fidelización**

Es importante que comuniques claramente tu programa de fidelización a tus clientes. Puedes incluir información sobre el programa de fidelización en tu sitio web, en las redes sociales y en el correo electrónico de seguimiento después de cada compra.

Al comunicar claramente el programa de fidelización, puedes animar a tus clientes a participar y obtener los beneficios del programa.

- **Realiza un seguimiento del programa de fidelización**

Es importante que realices un seguimiento del programa de fidelización para asegurarte de que sea efectivo. Puedes realizar un seguimiento de las compras de los clientes, las recompensas otorgadas y los puntos acumulados.

Al realizar un seguimiento del programa de fidelización, puedes hacer ajustes en tiempo real para mejorar la eficacia del programa.

En resumen, un programa de fidelización efectivo puede mejorar la lealtad del cliente, aumentar las ventas, mejorar la satisfacción del cliente y aumentar el boca a boca en tu tienda online. Al identificar a tu audiencia, establecer objetivos claros, ofrecer incentivos relevantes, crear un programa de puntos, comunicar claramente el programa de fidelización y realizar un seguimiento del programa, puedes crear un programa de fidelización efectivo que beneficie a tu tienda y a tus clientes.

CAPÍTULO 33
ENVÍO DE NEWSLETTERS Y OFERTAS ESPECIALES

El envío de newsletters y ofertas especiales es una estrategia de marketing que puede ayudar a aumentar la visibilidad y las ventas tu negocio. Al enviar correos electrónicos personalizados y relevantes a tus clientes, puedes mantenerlos comprometidos y aumentar la fidelidad del cliente.

Las newsletters son una forma de comunicación por correo electrónico en la que puedes enviar actualizaciones y noticias a tu audiencia. Estas actualizaciones pueden incluir noticias sobre tu empresa, nuevos productos o servicios, promociones y descuentos, e incluso consejos y trucos relacionados con tu nicho de mercado. Las newsletters también son una oportunidad para compartir contenido de calidad con tus clientes, lo que puede ayudar a aumentar su interés en tu empresa y a mantenerlos comprometidos a largo plazo.

Por otro lado, las ofertas especiales son una forma de recompensar a tus clientes y alentarlos a comprar en tu tienda en línea. Pueden incluir descuentos exclusivos, envío gratuito, regalos y más. Las ofertas especiales pueden ser una buena forma de aumentar las ventas de tu tienda en línea, ya que pueden motivar a tus clientes a realizar una compra y aumentar la fidelidad del cliente.

Además, el envío de newsletters y ofertas especiales también te permite recopilar datos importantes sobre tus clientes, como sus preferencias y comportamientos de compra. Esta información puede ser utilizada para mejorar la segmentación de tu audiencia y personalizar tus mensajes y obtener así mejores resultados.

Algunas de las plataformas de email marketing más utilizadas en el mercado son:

- **Mailchimp**

Mailchimp es una de las plataformas de email marketing más populares en el mercado. Ofrece una amplia variedad de funciones, incluyendo automatización de correo electrónico, diseño de correo electrónico, informes y análisis, integración de redes sociales y más. La plataforma ofrece una integración completa con WooCommerce, lo que permite a los usuarios automatizar el envío de correos electrónicos a los clientes que realizan compras.

Ventajas de Mailchimp:

- Ofrece una amplia variedad de funciones y plantillas de correo electrónico personalizables.
- Tiene una interfaz fácil de usar que permite a los usuarios crear y enviar correos electrónicos en minutos.
- La integración completa con WooCommerce permite la automatización de correo electrónico para clientes que realizan compras en la tienda online.

Inconvenientes de Mailchimp:

- El plan gratuito de Mailchimp tiene límites en cuanto a la cantidad de correos electrónicos que se pueden enviar y el número de suscriptores que se pueden tener. (En enero de 2023 aún ha sufrido más recortes estas cantidades)

- **ActiveCampaign**

ActiveCampaign es una plataforma de automatización de marketing que ofrece una amplia variedad de funciones, incluyendo automatización de correo electrónico, diseño de correo electrónico, informes y análisis y más. ActiveCampaign ofrece una integración completa con WooCommerce, al igual que las 2 plataformas anteriores.

Ventajas de ActiveCampaign:

- Ofrece una amplia variedad de funciones y plantillas de correo electrónico personalizables.
- La integración completa con WooCommerce permite la automatización de correo electrónico para clientes que realizan compras en la tienda online.
- Ofrece mucha variedad de funciones de automatización de marketing para mejorar la eficacia de las campañas de correo electrónico.

Inconvenientes de ActiveCampaign:

- El precio puede ser un poco elevado para algunas empresas.

- **Sendinblue**

Sendinblue es una plataforma de email marketing todo en uno que ofrece una amplia variedad de funciones, incluyendo automatización de correo electrónico, diseño de correo electrónico, informes y análisis, integración de redes sociales y más. Sendinblue ofrece una integración completa con WooCommerce, al igual que Mailchimp, como hemos comentado.

Ventajas de Sendinblue:

- Ofrece una amplia variedad de funciones y plantillas de correo electrónico personalizables.

- La integración completa con WooCommerce permite la automatización de correo electrónico para clientes que realizan compras en la tienda.
- Ofrece planes de precios flexibles para adaptarse a las necesidades de cualquier empresa.

Inconvenientes de Sendinblue:

- La interfaz puede ser un poco complicada para los usuarios nuevos.

Figura 33.1 Sendinblue es una excelente herramienta para tus campañas de email marketing

Recuerda que al enviar newsletters y ofertas especiales, es importante que identifiques a tu audiencia y lo que les interesa. Utiliza una plataforma de email marketing para enviar correos electrónicos y ofrece contenido relevante y personalizado para tus clientes.

Además, es importante que mantengas una frecuencia regular en el envío de newsletters y ofertas especiales. No se trata de enviar correos electrónicos con tanta frecuencia que incluso pueda resultar intrusivo para los clientes, pero tampoco tan pocas veces que tus clientes se olviden de tu tienda, encuentra el equilibrio adecuado.

Otro consejo importante es que no se trata solo de enviar correos electrónicos, sino de medir el éxito de tus campañas. Utiliza las herramientas de análisis y seguimiento de tu plataforma de email marketing para evaluar el rendimiento de tus campañas de correo electrónico y ajustarlas en consecuencia.

CAPÍTULO 34
CHATS EN VIVO

Un chat en vivo es una forma efectiva de comunicarse con los visitantes de tu sitio web en tiempo real. Al agregar un chat en vivo a tu tienda, los clientes pueden obtener respuestas rápidas y personalizadas a sus preguntas, lo que puede aumentar la probabilidad de que realicen una compra.

Además de mejorar la experiencia del usuario, un chat en vivo también puede ayudar a tu empresa a reducir costes y aumentar la eficiencia. En lugar de responder a consultas por correo electrónico o teléfono, un chat en vivo te permite manejar múltiples consultas al mismo tiempo, lo que puede ahorrar tiempo y recursos.

A continuación, te presentamos algunas opciones de plugins para integrar un chat en vivo en tu tienda en línea:

- **Zendesk Chat**

Zendesk Chat es un plugin de chat en vivo que te permite agregar un chat en vivo a tu tienda en línea. Ofrece una amplia variedad de funciones, incluyendo opciones de personalización, integración con redes sociales y análisis en tiempo real. Además, Zendesk Chat también ofrece un chatbot personalizable para ayudar a manejar las consultas de los clientes de manera más eficiente.

- **LiveChat**

LiveChat es una plataforma de chat en vivo que te permite comunicarte con tus clientes en tiempo real. Ofrece una amplia variedad de características, incluyendo opciones de personalización, integración con otras herramientas de marketing y análisis detallados de la actividad del usuario. Además, LiveChat también ofrece una aplicación móvil que te permite comunicarte con tus clientes en cualquier momento y en cualquier lugar.

Figura 34.1 Livechat permite comunicarte con tus clientes de múltiples maneras

Aparte de estas opciones de plugins, también puedes considerar integrar Whatsapp en WooCommerce para mejorar aún más la experiencia del usuario en tu tienda online.

En cuanto a la integración de Whatsapp en WooCommerce, existen diversas opciones que puedes considerar. Una opción popular es la utilización del plugin Chat Button by GetButton.io, que te permite agregar un botón de chat en vivo a tu sitio web que ofrece la opción de chat en vivo y Whatsapp.

Es importante tener en cuenta que debes asegurarte de contar con el personal adecuado para manejar las consultas de los clientes de manera efectiva y ofrecer una experiencia al usuario de alta calidad.

CAPÍTULO 35
ATENCIÓN AL CLIENTE EN REDES SOCIALES

En este capítulo hablaremos sobre la importancia de la atención al cliente en redes sociales y cómo puedes mejorar la experiencia del usuario en tu tienda en línea.

La atención al cliente es uno de los aspectos más importantes del comercio electrónico. Dado que los clientes no pueden ver o tocar los productos antes de realizar una compra, es esencial que tu empresa ofrezca una experiencia de usuario de alta calidad y responda rápidamente a las consultas y problemas de los clientes.

En las redes sociales, los clientes esperan una respuesta rápida a sus consultas y problemas. De hecho, según un estudio, el 71% de los clientes que recibe una respuesta rápida y efectiva está dispuesto a recomendar a la marca (NM Incite).

A continuación, te presentamos algunas estrategias para mejorar la atención al cliente en las redes sociales:

- **Ofrece un horario de atención al cliente**

Es importante que tu empresa tenga un horario de atención al cliente en las redes sociales. Debes asegurarte de que los clientes sepan cuándo pueden esperar una respuesta de tu empresa y asegurarte de cumplir con esos tiempos. Esto puede mejorar la confianza del cliente y reducir la frustración.

- **Personaliza tus respuestas**

Es importante que las respuestas de tu empresa en las redes sociales sean personalizadas y relevantes. Debes asegurarte de conocer el historial de compras y los problemas de los clientes para poder ofrecer una solución personalizada.

- **Responde rápidamente**

Como mencionamos anteriormente, los clientes esperan una respuesta rápida a sus consultas y problemas en las redes sociales. Debes asegurarte de responder a los mensajes de los clientes en un tiempo razonable para mejorar su experiencia.

- **Utiliza herramientas de monitoreo**

Es importante que tu empresa utilice herramientas de monitoreo para rastrear las menciones y los hashtags relacionados con tu marca en las redes sociales. De esta forma, puedes responder a los comentarios y menciones de los clientes.

- **Utiliza un tono amigable y profesional**

Es importante que las respuestas de tu empresa en las redes sociales sean amigables y profesionales. Debes evitar utilizar un tono defensivo o confrontacional y asegurarte de que los clientes sientan que están siendo escuchados y comprendidos.

- **No ignores los comentarios negativos**

Es importante que tu empresa no ignore los comentarios negativos en las redes sociales. En lugar de eso, debes responder a los comentarios y ofrecer una solución al problema del cliente. Incluso si no puedes resolver el problema, debes asegurarte de ofrecer una respuesta amigable y profesional.

- **Ofrece soluciones creativas**

En algunos casos, puede que no tengas una solución directa para el problema de un cliente. En estos casos, es importante que ofrezcas soluciones creativas y alternativas. Esto puede mejorar la satisfacción del cliente y fomentar la lealtad a la marca.

- **Sé transparente**

Es importante que tu empresa sea transparente en tus respuestas en las redes sociales. Si cometiste un error, debes admitirlo y ofrecer una solución. La transparencia puede mejorar la confianza del cliente y fomentar la lealtad a la marca.

- **Monitoriza las tendencias**

Es importante que tu empresa esté al tanto de las tendencias y los temas populares en las redes sociales. Esto puede ayudarte a estar al tanto de las necesidades y problemas de los clientes y ofrecer soluciones relevantes y efectivas.

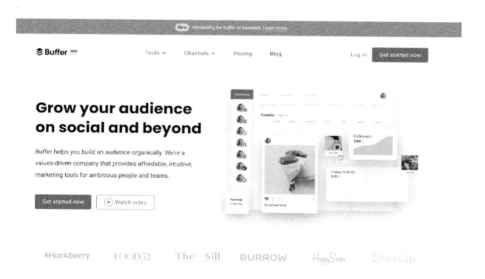

Figura 35.1 Buffer puede ayudarte a gestionar las redes sociales

En cuanto a las herramientas que puedes utilizar para mejorar la atención al cliente en las redes sociales, existen diversas opciones que puedes considerar. Por ejemplo, puedes utilizar el plugin Facebook Messenger para ofrecer chat en vivo a través de Facebook, o utilizar herramientas de monitoreo como Hootsuite o Buffer para rastrear las menciones y los comentarios de los clientes en las redes sociales.

CAPÍTULO 36
GESTIÓN DE DEVOLUCIONES Y
RECLAMACIONES

La gestión de devoluciones y reclamaciones es un aspecto importante del comercio electrónico, ya que los clientes no pueden ver o tocar los productos antes de realizar una compra y, por lo tanto, es posible que necesiten devolver un producto o presentar una reclamación.

Para gestionar adecuadamente las devoluciones y reclamaciones en tu tienda hay que tener en cuenta lo siguiente:

- **Ofrecer información clara sobre la política de devoluciones y reclamaciones**

Es importante que tu tienda en línea tenga una política de devoluciones y reclamaciones clara y fácilmente accesible en tu sitio web. Debe incluir información sobre cuánto tiempo tienen los clientes para devolver un producto, los motivos por los cuales se pueden presentar reclamaciones, cómo se procesarán las devoluciones y reclamaciones, y cómo se manejarán las garantías.

- **Proporcionar un proceso fácil y transparente para las devoluciones y reclamaciones**

Debes asegurarte de que el proceso de devoluciones y reclamaciones sea fácil y transparente para los clientes. Debe resultar fácil para los clientes solicitar una devolución o presentar una reclamación, y deben poder hacerlo a través de tu sitio web o por correo electrónico. Además, debes proporcionar información clara sobre los plazos para el procesamiento de devoluciones y reclamaciones.

- **Responder rápidamente a las solicitudes de devolución y reclamación**

Es esencial se responda rápidamente a las solicitudes de devolución y reclamación. Debes asegurarte de que los clientes sepan que sus solicitudes han sido recibidas y que se está trabajando en ellas. Además, debes asegurarte de que los clientes reciban actualizaciones periódicas sobre el estado de sus solicitudes de devolución y reclamación.

- **Ofrecer soluciones personalizadas**

Es importante que las soluciones que ofrezcas a los clientes para sus devoluciones y reclamaciones sean personalizadas y relevantes. Debes asegurarte de que los clientes sientan que se les está escuchando y comprendiendo, y que se está trabajando en una solución específica para su problema.

- **Utilizar herramientas de monitoreo**

Es importante que tu tienda en línea utilice herramientas de monitoreo para rastrear las devoluciones y reclamaciones. De esta forma, puedes identificar patrones y problemas comunes y trabajar en soluciones efectivas para prevenir futuras devoluciones y reclamaciones.

En cuanto a las herramientas que puedes utilizar para gestionar las devoluciones y reclamaciones en tu tienda en línea, existen diversas opciones que puedes considerar. Por ejemplo, puedes utilizar plugins de WordPress como WooCommerce Returns and Warranty Requests para gestionar las devoluciones y reclamaciones en tu sitio web.

Figura 36.1 El plugin Returns and Warranty Requests puede ayudarte a gestionar tus garantías y devoluciones

La gestión de devoluciones y reclamaciones es un aspecto esencial del comercio electrónico. Al ofrecer una política clara de devoluciones y reclamaciones, proporcionar un proceso fácil y transparente para las devoluciones y reclamaciones, responder rápidamente a las solicitudes de devolución y reclamación, ofrecer soluciones personalizadas y utilizar herramientas de monitoreo, puedes mejorar significativamente la experiencia del cliente en tu tienda en línea y aumentar la satisfacción del cliente.

Es importante tener en cuenta que, si bien las devoluciones y reclamaciones pueden parecer poco importantes o incluso molestas, tratarlas adecuadamente puede tener un impacto positivo en la reputación de tu tienda y en la lealtad de tus clientes, además de las repercusiones legales que puede conllevar no manejarlas correctamente. Al ofrecer un servicio excepcional en las devoluciones y reclamaciones, puedes demostrar tu compromiso con la satisfacción del cliente y mejorar la reputación de tu tienda.

Además, es importante estar preparado para manejar devoluciones y reclamaciones antes de que sucedan. Debes asegurarte de tener un sistema establecido para rastrear las devoluciones y reclamaciones, y de tener un equipo capacitado para manejar estas solicitudes de manera eficiente y profesional.

PARTE 8: ANÁLISIS DE LOS RESULTADOS DE LA TIENDA ONLINE

CAPÍTULO 37
SEGUIMIENTO DE LAS VENTAS Y DE LAS ESTADÍSTICAS

El seguimiento de las ventas y de las estadísticas es fundamental para comprender el rendimiento de tu tienda en línea y tomar decisiones para mejorar tu estrategia de ventas y aumentar tus ganancias.

Al revisar el rendimiento de tu tienda en línea, puedes obtener información valiosa sobre qué productos están vendiendo bien, qué productos no están vendiendo, de dónde proviene tu tráfico y cómo los visitantes interactúan con tu sitio web. Esta información puede ayudarte a identificar áreas de mejora y optimizar tu estrategia de ventas para maximizar tus beneficios.

Para seguir el rendimiento de tu tienda en línea, debes considerar los siguientes aspectos:

- **Ventas y ganancias**

Es esencial realizar un seguimiento de las ventas y las ganancias de tu tienda. Debes saber cuántos productos has vendido y cuánto dinero has ganado en un período determinado. También es importante desglosar

155

estas cifras para ver cuáles son tus productos más rentables y cuáles son los menos rentables.

- **Visitas y tráfico**

Es importante realizar un seguimiento de las visitas y el tráfico a tu sitio web. Debes saber cuántas personas visitan tu sitio web y de dónde proviene tu tráfico. También es importante desglosar estas cifras para ver cuáles son tus fuentes de tráfico más efectivas y cómo puedes aumentar el tráfico de estas fuentes.

- **Tasa de conversión**

La tasa de conversión es el porcentaje de visitantes que realizan una compra en tu sitio web, o que realizan una determinada acción que has preestablecido previamente. Es importante realizar un seguimiento de la tasa de conversión de tu tienda en línea para comprender qué tan efectivo es tu sitio web en convertir visitantes en compradores o realizan la acción que has preestablecido. También puedes utilizar esta información para identificar áreas de mejora y optimizar tu estrategia.

- **Abandono de carrito**

El abandono de carrito se produce cuando un visitante agrega productos a su carrito de compras pero no completa la compra. Es importante realizar un seguimiento de la tasa de abandono de carrito de tu tienda en línea para identificar los problemas que pueden estar impidiendo que los visitantes completen sus compras. También puedes utilizar esta información para implementar estrategias para reducir la tasa de abandono de carrito.

- **Análisis de productos**

Es esencial realizar un seguimiento de la popularidad y el rendimiento de tus productos. Debes saber cuáles son tus productos más vendidos, cuáles son tus productos menos vendidos y cómo se comparan tus productos con los productos de tus competidores. También es importante comprender cómo los visitantes interactúan con tus productos, incluyendo qué productos ven con más frecuencia, qué productos agregan a sus carritos y qué productos abandonan.

En cuanto a las herramientas que puedes utilizar para realizar el seguimiento de las ventas y las estadísticas de tu tienda en línea, existen diversas opciones que puedes considerar. Por ejemplo, puedes utilizar Google Analytics para realizar un seguimiento del tráfico y las visitas a tu sitio web, y puedes utilizar la herramienta "Análisis" de WooCommerce (hace años esta herramienta era un plugin aparte llamada WooCommerce Reports) para realizar un seguimiento de las ventas y los productos.

El seguimiento de las ventas y las estadísticas es fundamental para comprender el rendimiento de tu tienda en línea y tomar decisiones para mejorar tu estrategia de ventas. Al realizar un seguimiento de las ventas y las estadísticas, puedes identificar áreas de mejora y optimizar tu estrategia de ventas para maximizar tus beneficios.

Además, al realizar un seguimiento del rendimiento de tu tienda en línea, puedes identificar los productos más populares y rentables, comprender el comportamiento de tus visitantes en tu sitio web y descubrir cuáles son las fuentes de tráfico más efectivas. Esto te permitirá tomar decisiones sobre tu estrategia de ventas, lo que puede ayudarte a mejorar la experiencia de tus clientes, aumentar las ventas y maximizar tus beneficios.

Es importante destacar que el seguimiento de las ventas y las estadísticas no solo es útil para ti como dueño de la tienda, al comprender mejor las necesidades y comportamientos de tus clientes, puedes ofrecer una experiencia de compra más personalizada y adaptada a sus necesidades. Esto puede mejorar la satisfacción del cliente y aumentar la lealtad del cliente a largo plazo.

CAPÍTULO 38
ANÁLISIS DE LOS DATOS DE GOOGLE ANALYTICS

Google Analytics es una herramienta de análisis de datos gratuita que puede proporcionarte una gran cantidad de información valiosa sobre el rendimiento de tu sitio web y de tu tienda online.

Al integrar Google Analytics, puedes realizar un seguimiento de la actividad de los visitantes en tu sitio web, incluyendo el número de visitas, la duración de las visitas, la tasa de rebote y las páginas más populares. También puedes realizar un seguimiento de las fuentes de tráfico de tu sitio web, incluyendo el tráfico orgánico, el tráfico de pago y el tráfico de referencia. Estos datos pueden ayudarte a identificar áreas de mejora y a optimizar tu estrategia de ventas para aumentar tus beneficios.

Para aprovechar al máximo los datos de Google Analytics, debes considerar los siguientes aspectos:

- **Objetivos**

Es esencial establecer objetivos en Google Analytics para medir el éxito de tu tienda en línea. Puedes establecer objetivos de conversión, como la cantidad de ventas o la cantidad de formularios completados, y realizar un seguimiento de los datos de tu objetivo para medir el rendimiento de tu tienda en línea.

- **Segmentación**

La segmentación en Google Analytics te permite dividir tus datos en diferentes categorías para analizarlos de manera más detallada. Puedes segmentar tus datos por ubicación geográfica, dispositivo, comportamiento del usuario y más para comprender mejor cómo interactúan tus visitantes con tu sitio web.

- **Embudo de conversión**

El embudo de conversión en Google Analytics te permite ver el proceso que sigue un visitante desde que llega a tu sitio web hasta que realiza una compra. Al comprender cómo los visitantes interactúan con tu sitio web y tu tienda en línea, puedes identificar áreas de mejora y optimizar tu embudo de conversión para aumentar tus ventas.

- **Informes personalizados**

Los informes personalizados en Google Analytics te permiten crear informes personalizados para analizar los datos que son importantes para tu tienda en línea. Puedes crear informes personalizados para medir el rendimiento de tus productos, el rendimiento de tus campañas publicitarias y más.

Figura 38.1 En Google Analytics puedes crear informes personalizados

En cuanto a las herramientas que puedes utilizar para analizar los datos de Google Analytics, existen diversas opciones que puedes considerar. Por ejemplo, puedes utilizar plugins de WordPress como MonsterInsights para integrar Google Analytics en tu sitio web y obtener informes detallados sobre el rendimiento de tu tienda en línea desde el panel de administración de tu WordPress.

El análisis de los datos de Google Analytics es esencial para comprender el rendimiento de tu web y tomar decisiones informadas para mejorar tu estrategia de ventas. Al utilizar herramientas de análisis como Google Analytics, puedes obtener información muy importante sobre el comportamiento de tus visitantes y optimizar tu estrategia de ventas para aumentar tus beneficios.

CAPÍTULO 39
ANÁLISIS DE LOS DATOS DE LAS REDES SOCIALES

Las redes sociales son una herramienta cada día más importante para llegar a nuevos clientes, generar interacciones con ellos y mejorar la lealtad del cliente. Pero para aprovechar al máximo las redes sociales, es importante comprender el rendimiento de tus publicaciones y tu estrategia de marketing en ellas.

Existen diversas herramientas de análisis de redes sociales que puedes utilizar para analizar tus datos y mejorar tu estrategia. A continuación, te presentamos algunas de las herramientas más populares y sus ventajas e inconvenientes:

- **Hootsuite**

Hootsuite es una herramienta de gestión de redes sociales que te permite publicar y programar contenido en múltiples redes sociales, incluyendo Facebook, Twitter, Instagram y LinkedIn. También ofrece análisis de redes sociales para realizar un seguimiento del rendimiento de tus publicaciones y mejorar tu estrategia de marketing.

Ventajas: Hootsuite es una herramienta muy completa que te permite publicar y programar contenido en múltiples redes sociales. Además, sus funciones de análisis son muy útiles y te permiten realizar un seguimiento del rendimiento de tus publicaciones.

Inconvenientes: La versión gratuita de Hootsuite solo permite agregar hasta 3 perfiles sociales, lo que puede limitar su utilidad para tiendas en línea con múltiples perfiles de redes sociales. Además, la interfaz puede ser complicada para usuarios principiantes.

- **Buffer**

Buffer es una herramienta de gestión de redes sociales que te permite publicar y programar contenido en múltiples redes sociales. También ofrece análisis de redes sociales para realizar un seguimiento del rendimiento de tus publicaciones.

Ventajas: Buffer es una herramienta muy fácil de usar que te permite publicar y programar contenido en múltiples redes sociales. Además, sus funciones de análisis son muy útiles y te permiten realizar un seguimiento del rendimiento de todas tus publicaciones.

Inconvenientes: La versión gratuita de Buffer solo permite agregar hasta 3 perfiles sociales, lo que puede limitar su utilidad para tiendas en línea con múltiples perfiles en redes. Además, sus funciones de análisis de redes sociales pueden ser menos detalladas que las de otras herramientas.

- **Sprout Social**

Sprout Social es otra herramienta de gestión de redes sociales que ofrece análisis de redes sociales para realizar un seguimiento del rendimiento de tus publicaciones y mejorar tu estrategia de marketing en redes.

Ventajas: Sprout Social es una herramienta muy intuitiva que te permite publicar y programar contenido en múltiples redes sociales. Sus funciones de análisis de redes sociales son muy detalladas y te permiten realizar un seguimiento del rendimiento de tus publicaciones.

Inconvenientes: La versión gratuita de Sprout Social solo permite agregar hasta 5 perfiles sociales, lo que puede limitar su utilidad para tiendas en línea con múltiples perfiles sociales. Además, es una herramienta cara en comparación con otras opciones.

Figura 39.1 Sprout Social es una buena herramienta para la gestión de redes sociales

Existen muchas otras herramientas de análisis de redes sociales que puedes considerar, incluyendo Google Analytics y Meta Business Suite. Al elegir una herramienta de análisis de redes sociales, es importante considerar tus necesidades y presupuesto, así como las características de cada herramienta.

Además, el análisis de redes sociales puede ayudarte a comprender mejor a tu audiencia y lo que le importa. Al comprender los intereses y necesidades de tu audiencia, puedes crear contenido más relevante y efectivo que atraiga a más clientes y mejore la lealtad del cliente.

Es importante recordar que el análisis de redes sociales no es una tarea única. Debes revisar regularmente tus datos y hacer ajustes a tu estrategia de marketing en redes sociales según sea necesario. Esto puede incluir ajustar la frecuencia de tus publicaciones, cambiar el tono o estilo de tus publicaciones o cambiar tu enfoque de contenido para satisfacer mejor las necesidades de tu audiencia.

CAPÍTULO 40
ANÁLISIS DE LOS RESULTADOS DE LAS
CAMPAÑAS PUBLICITARIAS

El análisis de los resultados de las campañas publicitarias es una parte muy importante de cualquier estrategia de marketing online. Después de todo, es importante saber si tus campañas publicitarias están logrando los resultados deseados y si están proporcionando un retorno de inversión (ROI) positivo. En este capítulo, discutiremos la importancia del análisis de resultados de campañas publicitarias.

Antes de profundizar en el análisis de resultados de campañas publicitarias, es importante entender qué métricas son importantes de medir. Las métricas más comunes incluyen el porcentaje o tasa de clics (CTR), el coste por clic (CPC), el coste por adquisición (CPA) y el retorno de inversión (ROI). Cada métrica es importante para evaluar diferentes aspectos de tus campañas publicitarias.

El porcentaje de clics (CTR) mide la cantidad de personas que hacen clic en tus anuncios en relación con el número de impresiones. Un CTR alto indica que tus anuncios son relevantes y efectivos. El coste por clic (CPC) mide el coste de cada clic en tu anuncio. El coste por adquisición (CPA) mide el coste de adquirir un cliente a través de tus anuncios. El ROI mide el retorno de la inversión de tus campañas publicitarias.

Una vez que comprendas las métricas importantes, es hora de

166

comenzar el análisis de los resultados de tus campañas publicitarias. La mayoría de las plataformas publicitarias tienen herramientas integradas de análisis de datos que te permiten rastrear y medir el rendimiento de tus campañas publicitarias. En general, querrás buscar tendencias y patrones en tus datos y hacer ajustes en consecuencia.

Un aspecto importante del análisis de resultados de campañas publicitarias es el seguimiento y la optimización. Esto significa realizar cambios en tus campañas publicitarias en función de los datos que estás recopilando. Si descubres que un anuncio específico tiene un CTR bajo, por ejemplo, puedes ajustar el contenido del anuncio para hacerlo más atractivo para tu audiencia.

Además del seguimiento y optimización de las campañas publicitarias, también es importante realizar pruebas A/B para determinar qué versiones de tus anuncios tienen un mejor rendimiento. Esto implica crear dos o más versiones de un anuncio y mostrarlas a diferentes segmentos de tu audiencia para ver cuál funciona mejor.

Las pruebas A/B son una forma efectiva de determinar qué cambios específicos en tus anuncios pueden mejorar el rendimiento. Puedes probar diferentes títulos, imágenes, descripciones y llamados a la acción para determinar qué combinación tiene el mejor rendimiento.

Otro aspecto importante del análisis de resultados de campañas publicitarias es el seguimiento de la conversión. Esto implica rastrear la cantidad de personas que hacen una compra o realizan una acción deseada después de hacer clic en tus anuncios. Para hacer esto, es importante configurar el seguimiento de conversiones en tu plataforma publicitaria y en tu sitio web.

En última instancia, el análisis de resultados de campañas publicitarias es una tarea continua. Debes revisar regularmente tus métricas y realizar ajustes a tus campañas publicitarias según sea necesario. Al hacerlo, puedes mejorar la efectividad de tus campañas publicitarias y asegurarte de que estás obteniendo un ROI positivo en tu inversión publicitaria.

Además del análisis de resultados de campañas publicitarias, es importante también analizar los resultados de tus esfuerzos de marketing en redes sociales. Esto implica hacer un seguimiento y análisis de las métricas de tus publicaciones y de tu perfil en general.

Las métricas que debes considerar incluyen el alcance, la participación y las conversiones. El alcance se refiere al número de personas que han visto tus publicaciones, mientras que la participación se refiere al número de personas que han interactuado con tus publicaciones, ya sea mediante comentarios, "me gusta" o compartiendo tus publicaciones. Las conversiones se refieren a las acciones específicas que realizan tus seguidores, como hacer una compra o registrarse para recibir más información.

Existen varias herramientas de terceros que puedes utilizar para realizar un seguimiento y análisis de tus métricas de redes sociales. Algunas de las opciones más populares incluyen Hootsuite, Sprout Social y Buffer.

Así te ahorra tiempo Hootsuite al
evaluar el rendimiento y
presentar los resultados de forma
resumida a tu equipo

Figura 40.1 Puedes utilizar herramientas como Hootsuite para analizar tus métricas

Al analizar tus resultados de marketing en redes sociales, es importante también tener en cuenta el contenido que publicas y la forma en que te estás comunicando con tu audiencia. Debes evaluar qué publicaciones tienen un mejor rendimiento y cuáles no, y ajustar tu estrategia de contenido en consecuencia.

También debes prestar atención a la forma en que interactúas con tu audiencia en las redes sociales. Es importante responder rápidamente a las preguntas y comentarios de tus seguidores y mantener un tono de voz consistente en todas tus interacciones.

CAPÍTULO 41
TOMA DE DECISIONES Y AJUSTES EN LA
ESTRATEGIA DE PROMOCIÓN

La toma de decisiones y ajustes en la estrategia de promoción es un proceso continuo en el que debes estar constantemente evaluando y ajustando para asegurarte de que estás logrando los mejores resultados posibles. Aquí hay algunos consejos para ayudarte a tomar decisiones y hacer ajustes en tu estrategia de promoción:

- Analiza tus métricas: La primera cosa que debes hacer al tomar decisiones y ajustes en tu estrategia es analizar tus métricas. Esto incluye mirar las tasas de conversión, los ingresos generados y el coste por conversión. Al evaluar estas métricas, podrás determinar qué tácticas de promoción están funcionando mejor y cuáles necesitan ser ajustadas.

- Haz pruebas A/B: Otra forma efectiva de tomar decisiones sobre tu estrategia de promoción es realizar pruebas A/B. Esto implica crear dos o más versiones de un anuncio o campaña y mostrarlas a diferentes segmentos de tu audiencia para ver cuál funciona mejor. Al hacer pruebas A/B, puedes determinar qué cambios específicos en tus anuncios o campañas pueden mejorar el rendimiento.

- Mantente actualizado sobre las últimas tendencias: Las tendencias de marketing y publicidad están en constante evolución, y es importante que te mantengas al día con los

170

últimos desarrollos. Esto puede incluir el uso de nuevas plataformas publicitarias, técnicas de segmentación de audiencia o cambios en los algoritmos de las redes sociales. Mantenerse actualizado te permitirá adaptar tu estrategia de promoción para estar alineado con las últimas tendencias.

- Presta atención a la retroalimentación del cliente: La retroalimentación de tus clientes es una fuente muy valiosa de información para tomar decisiones informadas sobre tu estrategia de promoción. Presta atención a las opiniones y comentarios de tus clientes y utiliza esa información para ajustar tu enfoque de promoción.

- Experimenta con diferentes enfoques: No tengas miedo de experimentar con diferentes enfoques de promoción. A veces, probar cosas nuevas puede llevar a descubrir tácticas más efectivas para llegar a tu audiencia. Mantén un enfoque experimental y trata de probar diferentes tácticas para encontrar lo que mejor te funciona.

PARTE 9: MONETIZACIÓN DE LA TIENDA ONLINE

CAPÍTULO 42
ESTRATEGIAS PARA AUMENTAR EL TICKET MEDIO

El ticket medio es un factor importante en el éxito de cualquier negocio, ya sea online o físico. Si bien es importante generar nuevos clientes, aumentar el valor de la venta promedio de cada cliente existente es fundamental para el crecimiento a largo plazo de tu empresa. Aquí hay algunas estrategias efectivas para aumentar el ticket medio de tu tienda online:

- Ofrece productos complementarios: Ofrecer productos complementarios o accesorios relacionados con los artículos que ya está comprando un cliente puede aumentar el valor de la venta promedio. Asegúrate de hacer recomendaciones en el proceso de compra y en los correos electrónicos posteriores a la compra.

- Crea paquetes de productos: Crear paquetes de productos que contengan varios artículos a un precio más bajo que si se compraran individualmente puede ser una excelente manera de aumentar el valor de la venta promedio.

- Ofrece descuentos por volumen: Ofrecer descuentos por volumen puede ser una excelente manera de motivar a los clientes a comprar más artículos. Por ejemplo, ofrecer un descuento del 10% en compras superiores a 100€ puede motivar a los clientes a agregar algunos artículos adicionales a su carrito.

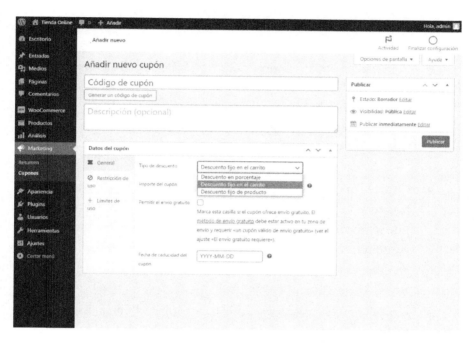

Figura 42.1 WooCommerce dispone de una sección para crear Cupones para descuentos. Y existen plugins para complementar esta funcionalidad

- Crea programas de fidelización: Crear un programa de fidelización que ofrezca incentivos para los clientes que realizan compras repetidas o realizan compras de un valor específico puede ser una excelente manera de aumentar el ticket medio y fomentar la fidelidad del cliente.

- Ofrece cupones de descuento: Ofrecer cupones de descuento a los clientes que han realizado compras anteriores puede ser una excelente manera de motivar a esos clientes a realizar compras adicionales.

- Ofrece envío gratis: Ofrecer envío gratuito en pedidos superiores a un cierto monto puede ser una excelente manera de motivar a los clientes a agregar más artículos a su carrito y aumentar el valor de la venta promedio.

- Personaliza la experiencia del cliente: Personalizar la experiencia del cliente puede aumentar la confianza y la lealtad del cliente, lo que puede llevar a un mayor gasto. Asegúrate de utilizar los datos de tus clientes para personalizar su experiencia en tu sitio web y en tus comunicaciones de marketing.

- Ofrece programas de financiamiento: Ofrecer programas de financiamiento, como pagar en cuotas o aplazamiento de pago, puede permitir que los clientes adquieran productos más caros y aumenten el valor de su compra promedio. Puedes informarte de empresas como Sequra.

- Utiliza los datos de compras anteriores: Utiliza los datos de compras anteriores para hacer recomendaciones y ofertas personalizadas a los clientes. Si un cliente ha comprado productos relacionados anteriormente, es más probable que esté interesado en ofertas similares en el futuro.

- Utiliza el email marketing: Utiliza el email marketing para ofrecer productos relacionados o complementarios a los clientes existentes. Los correos electrónicos personalizados y específicos pueden ser una excelente manera de aumentar el valor de la venta promedio.

- Haz ofertas exclusivas: Ofrece ofertas exclusivas a los clientes existentes, como acceso temprano a nuevas colecciones o descuentos exclusivos. Esto puede aumentar la lealtad del cliente y aumentar el valor de la venta promedio.

En resumen, aumentar el ticket medio es fundamental para el éxito a largo plazo de tu negocio. Utiliza estas estrategias para aumentar el valor de la venta promedio y fomentar la fidelidad del cliente.

CAPÍTULO 43
ESTRATEGIAS PARA AUMENTAR LA FRECUENCIA DE COMPRA

Aumentar la frecuencia de compra es fundamental para cualquier negocio en línea que quiera mantener a sus clientes comprometidos y generar ingresos consistentes. A continuación, presentamos algunas estrategias efectivas para aumentar la frecuencia de compra en tu tienda en línea:

- Crea programas de fidelidad: Los programas de fidelidad son una excelente manera de mantener a los clientes comprometidos y aumentar la frecuencia de compra. Ofrece recompensas, descuentos y otros incentivos a los clientes que compran con frecuencia o realizan compras grandes.

- Ofrece descuentos exclusivos: Ofrecer descuentos exclusivos a los clientes existentes puede ser una excelente manera de aumentar la frecuencia de compra. Los clientes se sentirán valorados y se verán incentivados a volver a comprar en tu tienda en línea.

- Utiliza el email marketing: Con este método puedes enviar ofertas y promociones especiales a los clientes existentes. Esto puede ser una forma efectiva de aumentar la frecuencia de compra y mantener a los clientes comprometidos.

- Ofrece envío gratuito: Ofrecer envío gratuito a los clientes que realizan compras frecuentes puede ser una excelente manera de aumentar la frecuencia de compra. Esto no solo fomenta la fidelidad del cliente, sino que también mejora la experiencia del usuario. Estos envíos gratuitos se pueden ofrecer al cliente desde campañas de email marketing, por ejemplo, en forma de cupones descuento que el cliente puede aplicar a la hora de realizar el pedido en tu tienda online.

- Personaliza las ofertas: Utiliza los datos de compras anteriores para hacer recomendaciones y ofertas personalizadas a los clientes. Si un cliente ha comprado productos relacionados anteriormente, es más probable que esté interesado en ofertas similares en el futuro.

- Haz seguimiento a los clientes: Haz un seguimiento a los clientes que no han comprado en un tiempo para recordarles acerca de tu tienda en línea y ofrecerles incentivos para realizar una nueva compra.

- Utiliza la segmentación de clientes: Utiliza la segmentación de clientes para ofrecer productos y ofertas específicas a clientes que tienen más probabilidades de estar interesados en ellas. Al personalizar tus ofertas, puedes aumentar la probabilidad de que los clientes compren con mayor frecuencia.

- Ofrece recomendaciones de productos: Ofrece recomendaciones de productos complementarios o relacionados en la página de pago. Esto puede ser una forma efectiva de aumentar la frecuencia de compra y mejorar la experiencia del usuario.

- Utiliza las redes sociales: Utiliza las redes sociales para mantener a los clientes comprometidos y ofrecerles promociones especiales. Las redes sociales pueden ser una excelente manera de aumentar la frecuencia de compra y fomentar la fidelidad del cliente.

CAPÍTULO 44
CREACIÓN DE PRODUCTOS DIGITALES PARA LA TIENDA ONLINE

Para empezar, debemos definir qué son los productos digitales. En pocas palabras, un producto digital es un bien intangible que se puede descargar o consumir en línea, como ebooks, cursos en línea, software, música, fotografías, entre otros. Estos productos pueden ser una excelente forma de ampliar la oferta de una tienda online y aumentar su rentabilidad.

La creación de productos digitales es un proceso que requiere tiempo, esfuerzo y conocimientos específicos. En este capítulo, nos centraremos en dar consejos y recomendaciones para ayudarte a crear productos digitales de calidad que sean relevantes para tu audiencia y que a su vez, aporten valor a tu negocio.

- **Conoce a tu audiencia**

Antes de comenzar a crear un producto digital, es importante conocer a tu audiencia y entender sus necesidades. Realiza una investigación para identificar cuáles son los intereses y preocupaciones de tu público objetivo, así como los problemas o desafíos que enfrentan en su vida diaria. A partir de esta información, podrás crear un producto digital que responda a estas necesidades y que resulte valioso para tu audiencia.

179

- **Define tus objetivos**

Antes de comenzar a crear un producto digital, es importante que definas cuáles son tus objetivos. ¿Quieres aumentar tus ventas? ¿Atraer más clientes potenciales? ¿Posicionarte como un experto en tu nicho (segmento) de mercado? Tus objetivos te ayudarán a enfocar tus esfuerzos en la creación de un producto digital que cumpla con tus expectativas y que a su vez, satisfaga las necesidades de tu audiencia.

- **Identifica el formato adecuado**

Existen diversos formatos de productos digitales, desde ebooks y cursos en línea hasta aplicaciones móviles y juegos. Para elegir el formato adecuado, es importante tener en cuenta el tipo de contenido que quieres ofrecer y las preferencias de tu audiencia. Además, también debes tener en cuenta la complejidad del producto y el tiempo y recursos que requiere su creación.

- **Crea un contenido de calidad**

El contenido es el corazón de cualquier producto digital. Asegúrate de crear un contenido de calidad que sea útil y relevante para tu audiencia. Investiga y utiliza buenas fuentes, incluye ejemplos y casos prácticos que ilustren tus puntos, y utiliza un lenguaje claro y sencillo. Además, no olvides que el contenido debe estar bien estructurado y organizado para que resulte fácil de seguir y entender.

- **Diseña una estrategia de promoción**

Una vez que hayas creado tu producto digital, es importante diseñar una estrategia de promoción para darlo a conocer a tu audiencia. Utiliza las redes sociales, el email marketing, los anuncios en línea y otras herramientas de marketing digital para llegar a tu público objetivo. También puedes considerar la posibilidad de trabajar con influencers o asociarte con otras empresas para llegar a un público más amplio.

- **Mejora constantemente**

La creación de productos digitales es un proceso en constante evolución. Es importante que estés dispuesto a aprender y a mejorar constantemente. Analiza los comentarios y las opiniones de tus clientes y haz ajustes y mejoras en tu producto digital en función de sus necesidades. Además, también es recomendable estar al tanto de las tendencias y novedades de tu nicho de mercado para mantener tu oferta actualizada y relevante.

Además, la creación de productos digitales puede ser una buena estrategia para generar ingresos adicionales a través de la tienda online. Estos productos pueden ser eBooks, cursos en línea, música, software, entre otros.

Por ejemplo, si tienes una tienda en línea que vende productos de belleza, podrías crear un eBook sobre trucos y consejos de belleza para ofrecer a tus clientes. Si tienes una tienda de ropa, podrías ofrecer cursos en línea sobre cómo combinar diferentes prendas para crear un estilo único y personal.

La creación de productos digitales puede ser una excelente manera de agregar valor a tu tienda online, atraer a nuevos clientes y aumentar los ingresos de tu negocio.

Algunas de las herramientas más utilizadas para crear productos digitales incluyen:

- Teachable: una plataforma para crear cursos en línea con funciones para subir contenido y gestionar el acceso de tus estudiantes.
- Canva: una herramienta en línea para crear diseños gráficos y visuales para tus productos digitales.

Figura 44.1 Canva se ha convertido en los últimos años en una herramienta muy popular para realizar todo tipo de diseños

- Gumroad: una plataforma para vender productos digitales directamente desde tu sitio web o redes sociales.

Es importante tener en cuenta que la creación de productos digitales puede requerir una inversión de tiempo y recursos para su desarrollo y promoción. Sin embargo, puede ser una excelente manera de diversificar tus ingresos y ofrecer a tus clientes un valor añadido en tu tienda online.

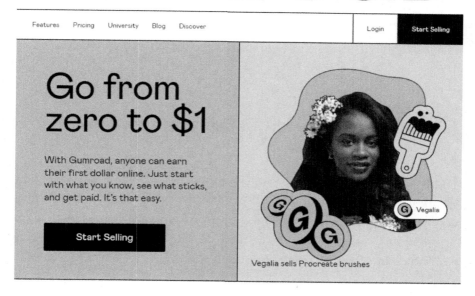

Figura 44.2 Gumroad permite vender tus productos digitales

CAPÍTULO 45
CREACIÓN DE PROGRAMAS DE AFILIADOS

La creación de programas de afiliados puede ser una excelente manera de aumentar las ventas y promocionar la tienda online de manera efectiva. Un programa de afiliados es un sistema en el que los afiliados promocionan tus productos a cambio de una comisión por cada venta realizada a través de su enlace personalizado.

La creación de un programa de afiliados puede tener muchos beneficios, como:

- Ampliar la base de clientes potenciales: al contar con un grupo de afiliados que promocionan tus productos, es posible llegar a una audiencia más amplia y diversa.

- Aumentar la visibilidad: los afiliados pueden promocionar tus productos a través de sus redes sociales, blogs o sitios web, lo que puede aumentar la visibilidad de tu marca y mejorar su reputación.

- Aumentar las ventas: el programa de afiliados puede generar una mayor cantidad de ventas, lo que se traduce en un aumento de ingresos para tu tienda online.

- Ahorrar en publicidad: al tener un grupo de afiliados promocionando tus productos, puedes ahorrar en publicidad ya que no tendrás que invertir tanto en campañas publicitarias.

Para crear un programa de afiliados, lo primero que debes hacer es establecer las comisiones y las reglas para los afiliados. Luego, debes buscar afiliados que estén interesados en promocionar tus productos. Puedes utilizar redes de afiliados como Commission Junction (CJ.com) o ShareASale para encontrar afiliados.

Figura 45.1 CJ.com es una empresa de marketing de afiliados

Además, es importante ofrecer a los afiliados herramientas y recursos para promocionar tus productos. Esto incluye banners, enlaces personalizados y códigos promocionales. También es importante mantener una buena comunicación con tus afiliados para resolver cualquier duda o problema que puedan tener.

185

Existen varios plugins y herramientas que pueden ayudarte a crear un programa de afiliados en tu tienda online. Algunos de los más populares incluyen:

- Refersion: una plataforma de seguimiento de afiliados que permite controlar las comisiones, la gestión de afiliados y la automatización de pagos. Existe plugin para varios tipos de tiendas.
- Tapfiliate: una plataforma de seguimiento de afiliados que ofrece una amplia gama de herramientas y opciones para la gestión de afiliados. Existe plugin para varios tipos de tiendas.
- AffiliateWP: un plugin para WordPress que te permite crear un programa de afiliados con opciones para controlar las comisiones, seguimiento de conversiones y pagos a los afiliados.

Figura 45.2 AffiliateWP es un plugin para la administración de afiliados en Wordpress

Con las herramientas adecuadas y una buena comunicación con tus afiliados, puedes llegar a crear un programa de afiliados que funcione bien en tu tienda online.

CAPÍTULO 46
VENTA DE PUBLICIDAD

La publicidad es una forma de monetización de una tienda online que puede ser muy efectiva si se utiliza de manera adecuada. La venta de publicidad permite a los dueños de una tienda online ganar dinero a través de la promoción de productos o servicios de terceros. En este capítulo, exploraremos la venta de publicidad y cómo se puede implementar en una tienda online.

¿Qué es la venta de publicidad?

La venta de publicidad es una forma de monetización en la que una web o tienda online vende espacio publicitario a terceros para promocionar sus productos o servicios. Los anunciantes pagan al propietario de la tienda online para que su anuncio aparezca en su sitio web. Los anuncios pueden aparecer en diferentes formatos, incluyendo banners, anuncios de texto o incluso videos.

La venta de publicidad puede ser muy lucrativa para los propietarios de una tienda online si se hace correctamente. Sin embargo, es importante tener en cuenta que los anuncios pueden afectar la experiencia del usuario, por lo que es importante encontrar el equilibrio adecuado para generar ingresos sin molestar a los visitantes.

Cómo implementar la venta de publicidad en una tienda online

Hay varias formas en que se puede implementar la venta de publicidad en una tienda online. A continuación, se describen algunas de las opciones más comunes:

- Utilizar una plataforma de anuncios: Hay varias plataformas de publicidad que permiten a los propietarios de una tienda online vender espacio publicitario. Por ejemplo, Google AdSense es una plataforma de publicidad más popular, y permite a los propietarios de una tienda online ganar dinero a través de la publicidad en su sitio web. Los anuncios se seleccionan automáticamente y se muestran en el sitio web en función del contenido del sitio y las preferencias del usuario.

- Vender directamente: Los propietarios de una tienda online también pueden vender espacio publicitario directamente a anunciantes específicos. Esta opción puede ser más rentable que utilizar una plataforma de anuncios, ya que los anunciantes pagan directamente y no hay intermediarios involucrados.

- Programa de afiliados: Una opción relacionada con la venta de publicidad es la creación de un programa de afiliados. Un programa de afiliados permite a los propietarios de una tienda online promocionar productos o servicios de terceros y ganar comisiones por cada venta realizada a través de un enlace de afiliado. Esta opción es especialmente útil para tiendas online que promocionan productos relacionados con su nicho de mercado.

Ventajas y desventajas de la venta de publicidad

La venta de publicidad en una tienda en línea puede ser una forma efectiva de aumentar los ingresos y generar nuevos clientes. Sin embargo, también hay desventajas a considerar antes de comenzar a vender publicidad. A continuación, se describen algunas de las ventajas y desventajas de la venta de publicidad en una tienda en línea:

Ventajas:

- Genera ingresos adicionales: la venta de publicidad es una forma efectiva de generar ingresos adicionales para tu tienda en línea. Si tu sitio web tiene un buen tráfico, puedes cobrar una tarifa a otras empresas para que muestren sus anuncios en tu sitio.
- Facilita las alianzas con otras empresas: al vender publicidad en tu sitio, puedes establecer alianzas con otras empresas y sitios web, lo que puede ayudarte a obtener más exposición y mejorar tu posicionamiento en los motores de búsqueda.

Desventajas:

- Puede disminuir la credibilidad de tu sitio: si tu sitio está lleno de anuncios, es posible que algunos visitantes consideren que tu sitio no es fiable o que estás dispuesto a sacrificar la calidad por el dinero.
- Puede afectar la experiencia del usuario: los anuncios pueden ser molestos y afectar la experiencia del usuario. Si los anuncios son demasiado intrusivos o están mal ubicados, pueden disuadir a los visitantes de regresar a tu web.
- Puede requerir una cantidad significativa de tiempo y recursos: para vender publicidad en tu sitio, debes dedicar tiempo y recursos para gestionar los anuncios y trabajar con los anunciantes. Si no tienes el tiempo o los recursos suficientes para administrar la publicidad, puede convertirse en un problema.

PARTE 10: OPTIMIZACIÓN Y MEJORAS CONTINÚAS

CAPÍTULO 47
MANTENIMIENTO DE LA TIENDA ONLINE

Mantener una tienda online es tan importante como su creación e inicio de operaciones. La mayoría de los propietarios de tiendas en línea creen que una vez que se lanza la tienda, su trabajo está hecho y pueden esperar a que los clientes vengan a ellos. Sin embargo, esto está lejos de la realidad. El mantenimiento constante de una tienda en línea es crucial para garantizar su éxito a largo plazo. En este capítulo, hablaremos sobre la importancia de mantener tu tienda online.

Actualizaciones de plataforma y plugins

La mayoría de las tiendas en línea se construyen utilizando plataformas de comercio electrónico como WooCommerce, Shopify, Magento Commerce, entre otros. Estas plataformas reciben constantes actualizaciones para mejorar su funcionalidad y sobretodo su seguridad. Es importante mantener su plataforma y sus plugins actualizados para mantener su tienda en línea segura y funcionando sin problemas.

Monitorizar de la seguridad

Otro aspecto importante del mantenimiento de una tienda online es la seguridad. Es fundamental proteger la información confidencial del cliente y la integridad de la tienda. Las medidas de seguridad pueden incluir la instalación de software de seguridad, como antivirus y firewalls, y la implementación de medidas de seguridad adicionales, como la encriptación de datos y la autenticación de dos factores.

Además, es importante monitorear continuamente la actividad de la tienda online para detectar cualquier actividad sospechosa o no autorizada. Las herramientas de monitoreo pueden incluir software de detección de malware, alertas de seguridad y análisis de registro.

Optimización del rendimiento

La optimización del rendimiento es otro aspecto clave del mantenimiento de una tienda online. Es importante garantizar que la tienda cargue rápidamente y funcione de manera efectiva. Esto puede incluir la optimización de imágenes y el uso de técnicas de compresión, la eliminación de plugins y temas innecesarios y la optimización de la base de datos.

También es importante asegurarse de que la tienda online esté alojada en un servidor confiable y rápido. Los proveedores de alojamiento web ofrecen diferentes opciones de alojamiento, desde servidores compartidos hasta servidores dedicados, y es importante seleccionar el que mejor se adapte a las necesidades de la tienda online.

Copias de seguridad regulares

Otro aspecto importante del mantenimiento de una tienda online es la realización de respaldos regulares. Los respaldos son una medida de seguridad importante que permite recuperar datos en caso de fallo del sistema o de pérdida de datos. Es importante realizar copias de seguridad regulares de toda la información de la tienda online, incluyendo la base de datos, los archivos de imágenes y el contenido.

Existen herramientas y plugins que pueden automatizar el proceso de respaldo y facilitar la recuperación de datos. Es importante establecer una política de copias de seguridad y asegurarse de que los respaldos se almacenen en un lugar seguro.

Soporte técnico

Si algo sale mal con su tienda en línea, es importante contar con un soporte técnico de calidad para resolver cualquier problema técnico lo antes posible. Esto puede incluir soporte para problemas de servidor, problemas de plataforma o problemas de seguridad.

CAPÍTULO 48
ACTUALIZACIÓN DE WOOCOMMERCE Y DE LOS PLUGINS

En este punto del libro, vamos a hablar sobre la importancia de mantener actualizado WooCommerce y sus plugins, y cómo hacerlo de forma correcta.

En primer lugar, es importante tener en cuenta que WooCommerce es una plataforma de comercio electrónico que está en constante evolución. Por lo tanto, es fundamental mantenerla actualizada para garantizar su correcto funcionamiento y seguridad. Además, las actualizaciones también pueden incluir mejoras en el rendimiento y nuevas funcionalidades.

Para actualizar WooCommerce y sus plugins, el primer paso es hacer una copia de seguridad de la tienda online. Esto es esencial para evitar posibles problemas o fallos que puedan surgir durante el proceso de actualización.

Una vez que se tiene una copia de seguridad, se pueden proceder a actualizar WooCommerce y sus plugins. En primer lugar, es importante verificar si hay actualizaciones disponibles y, en caso afirmativo, revisar los cambios y mejoras que se incluyen en la nueva versión. A veces, puede haber problemas de compatibilidad entre diferentes versiones de WooCommerce y sus plugins, por lo que es fundamental revisar las notas de la versión antes de actualizar.

En cuanto a la actualización en sí, se puede realizar de forma manual o automática, dependiendo del plugin. En cualquier caso, es fundamental seguir las instrucciones de actualización para garantizar que todo se realice de forma correcta.

Es importante destacar que, además de mantener actualizado WooCommerce y sus plugins, también es esencial actualizar el tema utilizado en la tienda online. Al igual que los plugins, los temas también están en constante evolución y pueden incluir mejoras en cuanto a rendimiento, seguridad y funcionalidades.

CAPÍTULO 49
OPTIMIZACIÓN DEL RENDIMIENTO DE LA
TIENDA ONLINE

El funcionamiento rápido de una tienda online no solo brinda una mejor experiencia al usuario, sino que también puede tener un impacto significativo en las tasas de conversión y la satisfacción del cliente. En este capítulo, hablaremos de algunas herramientas que se pueden utilizar para medir el rendimiento de la tienda online y cómo se pueden hacer ajustes para mejorar la velocidad.

Una de las herramientas más útiles para medir el rendimiento de una tienda online es Google PageSpeed Insights. Esta herramienta gratuita de Google evalúa la velocidad y la usabilidad tanto en dispositivos móviles como en escritorio, y proporciona recomendaciones para mejorar el rendimiento. PageSpeed Insights puntúa el sitio en una escala de 0 a 100, con un puntaje más alto indicando una mejor velocidad y rendimiento. Las recomendaciones incluyen compresión de imágenes, reducción de código CSS y JavaScript, y eliminación de redireccionamientos innecesarios.

Otra herramienta que se puede utilizar para medir el rendimiento de la tienda online es GTmetrix. Esta herramienta ofrece informes detallados sobre el rendimiento del sitio, incluyendo la velocidad de carga, el tamaño de la página y el tiempo de respuesta del servidor. También proporciona recomendaciones para mejorar el rendimiento, como optimizar imágenes, reducir el tamaño de las páginas y utilizar una red de entrega de contenido (CDN).

También es importante asegurarse de que la tienda online esté alojada en un servidor de alta calidad con una buena velocidad de conexión a Internet.

Existen muchos plugins disponibles para WordPress que pueden ayudar a optimizar el rendimiento y el tiempo de carga de una tienda online en WooCommerce. Algunos de los más populares y efectivos incluyen:

- Autoptimize: Este plugin se encarga de optimizar el HTML, CSS y JavaScript de la tienda online. Autoptimize también tiene una función de caché que puede ayudar a reducir el tiempo de carga de la tienda.

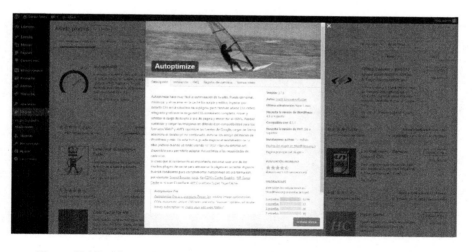

Figura 49.1 Puedes encontrar Autoptimize en la sección Plugins de Wordpress

- Smush: Las imágenes pueden ser una de las mayores causas de retrasos en la carga de la tienda online. Smush es un plugin que optimiza las imágenes de la tienda online para que se carguen más rápido sin perder calidad.

- W3 Total Cache: Este plugin es otra opción popular de caché que puede mejorar significativamente el tiempo de carga de la tienda. W3 Total Cache crea archivos de caché para cada página de la tienda y los almacena en la memoria caché del servidor.

- Lazy Load: Este plugin retrasa la carga de imágenes que no son visibles en la pantalla del usuario. Esto puede mejorar el tiempo de carga de la tienda al no tener que cargar todas las imágenes al mismo tiempo. Esta función en los últimos años ha sido implementada en algunos de los plugins anteriores.

- WP Rocket: Este es uno de los plugins de caché más populares para WordPress. WP Rocket funciona al crear archivos de caché estáticos de cada página de la tienda online y almacenarlos en la memoria caché del servidor. Esto significa que cada vez que un usuario accede a una página de la tienda, la página se carga mucho más rápido.

Figura 49.2 WPRocket es un excelente plugin de pago para mejorar el rendimiento de tu tienda online

Es importante tener en cuenta que instalar demasiados plugins puede ralentizar la tienda en lugar de mejorarla. Por lo tanto, es importante evaluar cuidadosamente cada plugin y solo instalar los que son realmente necesarios. Además, es recomendable realizar pruebas de velocidad de la tienda antes y después de instalar cualquier plugin para comprobar los tiempos de carga.

CAPÍTULO 50
MEJORA DE LA EXPERIENCIA DE USUARIO

La experiencia de usuario juega un papel crucial en el éxito de una tienda online, ya que puede ser determinante en la toma de decisiones de compra y fidelización del cliente. En este capítulo, se hablarán de algunas de las mejores prácticas para mejorar la experiencia de usuario en una tienda online.

Diseño intuitivo y fácil de usar

El diseño de la tienda online debe ser intuitivo y fácil de usar, permitiendo que los clientes puedan navegar por la tienda y encontrar los productos que desean de manera rápida y eficiente. Un diseño confuso, complicado o poco intuitivo puede hacer que los clientes abandonen la tienda y busquen otra alternativa.

Optimización para dispositivos móviles

La mayoría de usuarios acceden a Internet desdes sus dispositivos móviles, por tanto, es fundamental que la tienda online esté optimizada para ser utilizada en estos dispositivos, incluso por encima de la versión móvil, es lo que se llama en diseño web Mobile First. De lo contrario, los clientes pueden tener dificultades para navegar por la tienda y realizar una compra.

Velocidad de carga rápida

La velocidad de carga de la tienda online es un factor clave en la experiencia del usuario. Una página que tarda demasiado en cargarse puede hacer que los clientes pierdan la paciencia y abandonen la tienda. Para mejorar la velocidad de carga, se pueden utilizar herramientas como plugins de cache y optimización de imágenes.

Información clara y detallada sobre los productos

Es fundamental que la información sobre los productos en la tienda online sea clara y detallada, incluyendo imágenes de alta calidad, descripciones precisas y precios precisos. Esto ayudará a los clientes a tomar una decisión de compra informada.

Personalización y recomendaciones de productos

La personalización y las recomendaciones de productos son técnica efectivas para mejorar la experiencia de usuario en la tienda online. Al mostrar productos relevantes y personalizados a cada cliente, se puede aumentar la probabilidad de que realicen una compra.

Servicio al cliente y soporte técnico

El servicio al cliente y el soporte técnico son fundamentales para garantizar la satisfacción del cliente en la tienda online. Los clientes deben tener una forma fácil de contactar al equipo de soporte de la tienda en caso de problemas o preguntas.

Proceso de pago fácil y seguro

El proceso de pago en la tienda online debe ser fácil y seguro para el cliente. Se debe proporcionar opciones de pago convenientes, y el proceso de pago en sí mismo debe ser rápido y fácil de entender.

CAPÍTULO 51
IMPLEMENTACIÓN DE MEJORAS SEGÚN LOS RESULTADOS DE ANÁLISIS

Implementar mejoras en una tienda online es una tarea constante que requiere atención y análisis continuos. El éxito de un negocio en línea depende en gran medida de su capacidad para adaptarse a las tendencias del mercado y a las necesidades de los clientes, y para ello es esencial el análisis constante de datos y la implementación de mejoras en base a los resultados obtenidos. En este sentido, la implementación de mejoras en una tienda online debe ser una tarea planificada, que tenga en cuenta tanto las necesidades del negocio como las expectativas de los clientes.

En este capítulo, exploraremos la importancia de la implementación de mejoras en una tienda online y analizaremos las principales estrategias y herramientas que se pueden utilizar para llevar a cabo este proceso de manera efectiva.

La importancia de la implementación de mejoras en una tienda online:

- Una tienda online debe estar en constante evolución y mejora. Las mejoras pueden ser pequeñas, como cambios en el diseño del sitio web o en los procesos de compra, o pueden ser más significativas, como la introducción de nuevos productos o servicios.

- La implementación de mejoras es importante porque ayuda a mantener una tienda online actualizada y relevante en el mercado. Además, las mejoras pueden ayudar a aumentar la satisfacción del cliente, lo que a su vez puede generar más ventas y un mayor retorno de inversión.

- Por otro lado, la falta de mejoras y actualizaciones puede hacer que una tienda online se quede atrás en el mercado y pierda relevancia. Además, puede llevar a una disminución de la satisfacción del cliente, lo que a su vez puede reducir las ventas y el retorno de inversión.

Estrategias para la implementación de mejoras en una tienda online:

- Análisis de datos: La implementación de mejoras en una tienda online debe basarse en el análisis de datos. El análisis de datos puede ayudar a identificar áreas problemáticas o ineficientes en el sitio web y en el proceso de compra, lo que a su vez puede ayudar a determinar las áreas en las que se pueden realizar mejoras.

- Pruebas A/B: Las pruebas A/B son una forma efectiva de determinar qué elementos de un sitio web funcionan mejor que otros. Al comparar diferentes versiones de una página de destino o de un proceso de compra, se pueden identificar áreas en las que se pueden realizar mejoras para aumentar la tasa de conversión.

- Comentarios de los clientes: Los comentarios de los clientes son una fuente valiosa de información sobre cómo se siente la audiencia acerca de una tienda online. La implementación de mejoras en base a los comentarios de los clientes puede ayudar a mejorar la experiencia del usuario y aumentar la satisfacción del cliente.

- Investigación de mercado: La investigación de mercado puede ayudar a determinar las tendencias y expectativas del mercado y de la audiencia. La implementación de mejoras en base a los hallazgos de la investigación de mercado puede ayudar a mantener una tienda online relevante y actualizada en el mercado.

Herramientas para la implementación de mejoras en una tienda online:

- Google Analytics: como ya hemos mencionado en capítulos anteriores, Google Analytics es una herramienta esencial para el análisis de la tienda online. A través de esta herramienta se pueden obtener datos sobre el comportamiento de los usuarios en la web, como la tasa de rebote, el tiempo de permanencia en la página, los productos más visitados, entre otros.

- Lucky Orange: Lucky Orange es una herramienta de análisis de comportamiento de usuarios que permite a los propietarios de tiendas online visualizar cómo interactúan los usuarios en su sitio web. Con Lucky Orange, los propietarios pueden ver grabaciones de sesiones de los usuarios, mapas de calor que muestran las áreas más populares de la página, análisis de formularios y mucho más.

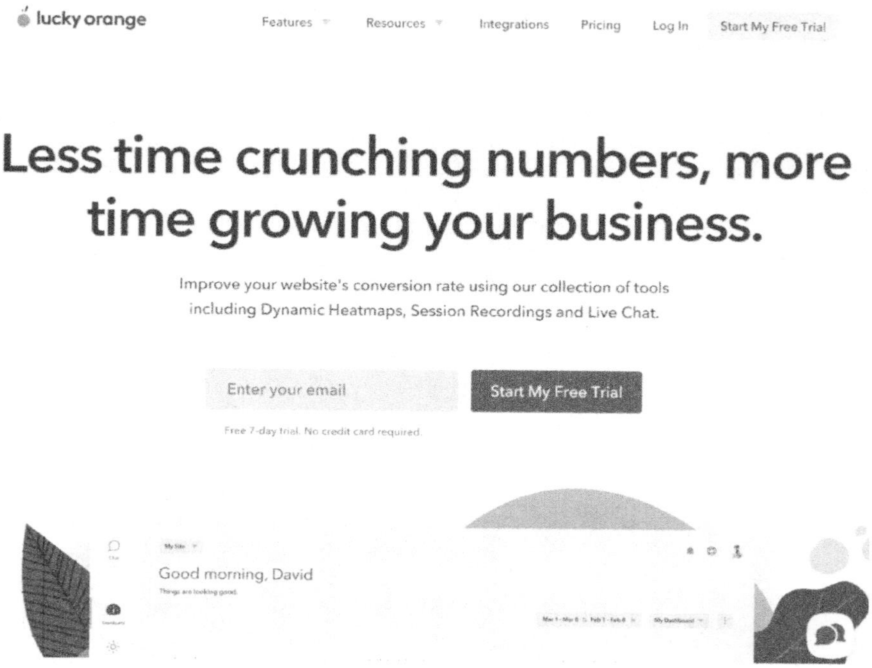

Figura 51.1 Con Lucky Orange podrás analizar el comportamiento de tus usuarios

- Hotjar: Hotjar es una herramienta que permite ver cómo los usuarios interactúan con la página web mediante mapas de calor, grabaciones de pantalla y encuestas. De esta manera, se puede identificar las áreas de la tienda online que necesitan mejoras para optimizar la experiencia de usuario.
- Crazy Egg: Crazy Egg es otra herramienta que permite obtener información sobre cómo los usuarios interactúan con la página web mediante mapas de calor y registros de sesión. De esta manera, se pueden identificar las áreas de la tienda online que necesitan mejoras para optimizar la experiencia de usuario.

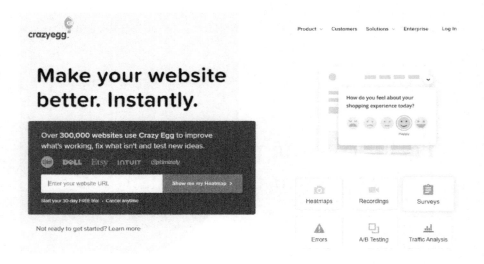

Figura 51.2 Crazy Egg es también una buena herramienta de análisis de comportamiento de usuarios

La implementación de mejoras en una tienda online es un proceso continuo que requiere atención constante. Desde la creación de contenido atractivo y relevante hasta la optimización del rendimiento y la experiencia de usuario, cada aspecto de la tienda debe ser revisado y mejorado regularmente para asegurar el éxito a largo plazo.

Para lograr esto, es importante utilizar una combinación de herramientas analíticas y de retroalimentación de usuarios para identificar las áreas de mejora y luego implementar soluciones efectivas. Si se sigue un enfoque sistemático y se dedica el tiempo y los recursos necesarios, cualquier tienda online puede lograr un alto rendimiento y ser un éxito a largo plazo.

PARTE 11: ERRORES COMUNES Y CÓMO EVITARLOS

CAPÍTULO 52
ERRORES COMUNES EN LA CREACIÓN DE UNA TIENDA ONLINE

La creación de una tienda online puede ser un proceso emocionante, pero también puede ser abrumador y estresante, especialmente para aquellos que son nuevos en el mundo del comercio electrónico. A medida que más y más personas hacen compras en línea, la competencia se vuelve cada vez más feroz, lo que significa que cualquier error en la creación de una tienda online puede costarle caro en términos de ingresos y clientes perdidos. En este capítulo, repasaremos los errores más comunes que las personas cometen al crear una tienda online y cómo evitarlos:

- Falta de investigación de mercado: Uno de los mayores errores que se cometen al crear una tienda online es no hacer una investigación de mercado adecuada. Es esencial conocer a su público objetivo, identificar las necesidades y deseos de su audiencia y comprender a su competencia para poder diferenciarse y ofrecer algo único. Si no realiza esta investigación, es probable que su tienda en línea no tenga éxito.

- Diseño web deficiente: La apariencia y la usabilidad de una tienda en línea son fundamentales para atraer y retener a los clientes. Un diseño web deficiente puede hacer que los clientes abandonen su sitio web en cuestión de segundos. Es importante asegurarse de que su sitio web tenga una apariencia atractiva y sea fácil de navegar.

- Información de productos insuficiente: Si su tienda en línea no proporciona información detallada sobre sus productos, es probable que los clientes se sientan inseguros al realizar una compra. Proporcionar información detallada y precisa sobre sus productos, incluyendo imágenes de alta calidad, descripciones y especificaciones técnicas, puede ayudar a los clientes a tomar una decisión y aumentar la confianza en su tienda en línea.

- Problemas de seguridad: Los problemas de seguridad son un gran problema para las tiendas en línea. Los clientes quieren sentirse seguros al proporcionar información personal y financiera. Asegúrese de utilizar medidas de seguridad adecuadas, como un certificado SSL y la verificación de tarjetas de crédito, para proteger la información del cliente.

- Problemas de pago: Los problemas de pago son otro problema común en las tiendas en línea. Asegúrese de que su tienda en línea tenga opciones de pago fáciles y seguras. También es importante asegurarse de que los clientes sepan exactamente cuánto están pagando por el producto y por cualquier cargo adicional, como el envío.

- Falta de atención al cliente: La atención al cliente es crucial en cualquier negocio, y las tiendas en línea no son una excepción. Los clientes deben poder comunicarse con la tienda de manera fácil y eficiente en caso de cualquier problema o pregunta. Asegúrese de tener un sistema de atención al cliente en línea eficaz, como chat en vivo o un sistema de tickets de soporte.

- Insuficiente promoción y marketing: Por último, pero no menos importante, es importante promocionar y comercializar su tienda en línea adecuadamente para atraer tráfico y aumentar las ventas. Si no promociona su tienda en línea, es probable que tenga dificultades para generar ventas y hacer crecer su negocio.

CAPÍTULO 53
ERRORES COMUNES EN LA PROMOCIÓN DE LA TIENDA ONLINE

Crear una tienda en línea puede parecer fácil, pero la realidad es que hay muchos errores comunes que pueden afectar seriamente la promoción y venta de los productos. Estos errores pueden surgir tanto en la fase de creación como en la de promoción, y pueden tener un impacto negativo en la experiencia de los usuarios y en los resultados de la tienda. Es por eso que en este capítulo hablaremos sobre los errores más comunes en la promoción de la tienda online y cómo evitarlos.

Errores comunes en la promoción de la tienda online:

- No conocer a la audiencia: Uno de los errores más comunes en la promoción de una tienda en línea es no conocer a la audiencia a la que se dirige. Es importante conocer las necesidades y deseos de los clientes para poder crear una estrategia de marketing efectiva. Si no se conoce bien a la audiencia, se pueden realizar campañas de marketing que no funcionen y que no generen las ventas deseadas.

- No definir una estrategia de marketing: Otra error común es no definir una estrategia de marketing clara y bien estructurada. Es necesario definir los objetivos, el público objetivo, las tácticas y los canales de promoción. Si no se tiene una estrategia bien definida, la promoción puede ser desordenada e ineficaz.

- No tener una presencia en las redes sociales: Las redes sociales son un canal muy importante para promocionar una tienda en línea. No tener una presencia en las redes sociales puede significar perder oportunidades de llegar a nuevos clientes y mantener el interés de los ya existentes.

- No utilizar el SEO: El SEO (Search Engine Optimization) es una técnica que permite que la tienda en línea aparezca en los primeros resultados de búsqueda de Google y otros motores de búsqueda. No utilizar el SEO significa no aparecer en los primeros resultados de búsqueda, lo que puede afectar negativamente las visitas y las ventas de la tienda en línea.

- No medir los resultados: Es importante medir los resultados de la promoción para poder analizar la eficacia de las campañas. Si no se miden los resultados, no se puede saber qué estrategias funcionan y cuáles no, lo que significa que no se pueden hacer ajustes y mejoras en la estrategia de marketing.

- Falta de segmentación adecuada del público objetivo. Muchos dueños de tiendas en línea se centran en atraer la mayor cantidad posible de tráfico a su sitio web, pero esto no es suficiente si el tráfico no se convierte en ventas. Para atraer a un público realmente interesado en los productos o servicios que se ofrecen, es necesario segmentar adecuadamente la audiencia y crear campañas publicitarias específicas para cada segmento.

- No medir adecuadamente los resultados de las campañas publicitarias y la promoción en redes sociales. Es importante no solo crear campañas publicitarias, sino también medir su efectividad. Si no se está midiendo adecuadamente el rendimiento de las campañas, es difícil saber qué aspectos deben mejorarse y dónde se están desperdiciando los recursos.

- Subestimar la importancia de la imagen y la marca. Una imagen sólida y una marca coherente y bien definida son fundamentales para crear confianza en los clientes potenciales y fidelizar a los existentes. Una imagen y marca débiles pueden hacer que la tienda online se vea poco profesional y poco fiable.

- Errores en la estrategia de precios de los productos. Un precio demasiado alto o demasiado bajo puede afectar negativamente las ventas. Es importante realizar una investigación de mercado adecuada para establecer precios justos y competitivos, teniendo en cuenta los costes de producción, los precios de la competencia y la percepción del valor del producto por parte del público objetivo.

Herramientas para evitar los errores comunes en la promoción de la tienda online

- Investigar a la audiencia: Para conocer bien a la audiencia, se pueden utilizar herramientas como Google Analytics, encuestas o estudios de mercado. Estas herramientas permiten conocer las características y necesidades de los clientes y adaptar la estrategia de marketing en consecuencia.

- Crear una estrategia de marketing: Para definir una estrategia de marketing, se pueden utilizar herramientas como el modelo Canvas, que permite definir la propuesta de valor, los segmentos de clientes, los canales, la relación con los clientes, los ingresos y los costes. Una vez que se tiene una estrategia bien definida, se pueden realizar campañas de marketing que sean más efectivas.

- Tener presencia en las redes sociales: Para tener presencia en las redes sociales, se pueden utilizar herramientas como Hootsuite o Buffer, que permiten programar publicaciones y analizar los resultados de las campañas en las redes

CAPÍTULO 54
ERRORES COMUNES EN LA GESTIÓN DE LA TIENDA ONLINE

La gestión de una tienda online no es una tarea sencilla y es fácil cometer errores si no se tiene experiencia en el ámbito. Los errores más comunes en la gestión de una tienda suelen ser:

- No tener un sistema de seguimiento de stock: Uno de los mayores errores que se pueden cometer en la gestión de una tienda online es no tener un sistema de seguimiento de stock adecuado. Es importante saber en todo momento la cantidad de stock disponible para evitar vender productos que no están disponibles y generar insatisfacción en los clientes. Desde WooCommerce se puede hacer un seguimiento del stock, pero es importante tenerlo actualizado.

- No tener un sistema de seguimiento de pedidos: Es importante contar con un sistema de seguimiento de pedidos para mantener informados a los clientes sobre el estado de sus pedidos. La falta de información puede generar incertidumbre y desconfianza en los clientes.

- No gestionar adecuadamente las devoluciones: Es necesario tener un proceso de devoluciones claro y fácil de usar para los clientes. Una gestión adecuada de las devoluciones puede generar fidelización en los clientes.

215

- No responder a los clientes a tiempo: La respuesta rápida y efectiva a las consultas y quejas de los clientes es fundamental en la gestión de una tienda online. No responder a tiempo a los clientes puede generar insatisfacción y rechazo hacia la tienda.

- No tener un proceso claro de envío: Es fundamental tener un proceso de envío claro y efectivo para evitar confusiones y retrasos en la entrega de los productos.

- No tener una estrategia de marketing clara: No tener una estrategia de marketing clara puede hacer que la tienda online pase desapercibida y no se obtengan los resultados esperados.

- No analizar los resultados: Es fundamental analizar los resultados de la tienda online para conocer los puntos fuertes y débiles y poder tomar decisiones en consecuencia.

- No mantener actualizado el contenido: No mantener actualizado el contenido de la tienda online puede generar desinterés en los clientes y falta de confianza en la tienda.

Para evitar estos errores, es importante contar con una gestión adecuada de la tienda online, contar con herramientas de seguimiento y análisis, y tener una estrategia clara de marketing. Además, es fundamental mantener una comunicación clara y efectiva con los clientes y estar atentos a sus necesidades y requerimientos.

PARTE 12: LEGALIDAD Y SEGURIDAD

CAPÍTULO 55
NORMATIVA DE PROTECCIÓN DE DATOS Y PRIVACIDAD

La protección de datos y la privacidad son temas de gran importancia en la actualidad, especialmente en el entorno digital. Es fundamental que las tiendas online cumplan con la normativa vigente en cuanto a protección de datos y privacidad, ya que el incumplimiento de esta normativa puede acarrear sanciones y perjudicar la reputación de la empresa.

En España, la normativa que regula la protección de datos y privacidad es la Ley Orgánica de Protección de Datos (LOPD) y el Reglamento General de Protección de Datos (RGPD), este último de aplicación directa en toda la Unión Europea. Estas normativas establecen los derechos y obligaciones de los ciudadanos y empresas en cuanto a la protección de los datos personales. Las empresas deben garantizar la seguridad de los datos personales que recopilan de sus clientes y empleados, y deben informarles de cómo se están utilizando esos datos.

En lo que se refiere a la privacidad, la normativa española establece que todas las empresas deben garantizar la confidencialidad de la información personal que manejan y que no pueden cederla a terceros sin el consentimiento previo de los afectados. Además, los usuarios tienen derecho a conocer qué datos se han recopilado de ellos y a qué fines se han destinado.

Además de la normativa en España, es importante conocer la normativa en otros países de habla hispana, ya que si se realiza una venta a un cliente en un país determinado, se debe cumplir con las leyes y regulaciones de dicho país. A continuación, se mencionan algunas de las leyes y regulaciones más relevantes en otros países de habla hispana:

- Argentina: La Ley de Protección de Datos Personales (N° 25.326) establece los requisitos que deben cumplir las empresas para la recolección, uso y divulgación de datos personales, así como también los derechos que tienen los titulares de los datos. Es importante que las empresas obtengan el consentimiento expreso de los titulares de los datos antes de recolectar y usar dicha información.
- México: La Ley Federal de Protección de Datos Personales en Posesión de Particulares establece los requisitos que deben cumplir las empresas para la recolección, uso y divulgación de datos personales, así como también los derechos que tienen los titulares de los datos. Las empresas deben obtener el consentimiento expreso de los titulares de los datos antes de recolectar y usar dicha información.
- Colombia: La Ley Estatutaria 1581 de 2012 establece los requisitos que deben cumplir las empresas para la recolección, uso y divulgación de datos personales, así como también los derechos que tienen los titulares de los datos. Es importante que las empresas obtengan el consentimiento expreso de los titulares de los datos antes de recolectar y usar dicha información.
- Chile: La Ley de Protección de Datos Personales (N° 19.628) establece los requisitos que deben cumplir las empresas para la recolección, uso y divulgación de datos personales, así como también los derechos que tienen los titulares de los datos. Las empresas deben obtener el consentimiento expreso de los titulares de los datos antes de recolectar y usar dicha información.

En general, es importante que las empresas que operan en varios países cumplan con las leyes y regulaciones de cada país en el que realizan negocios. Además, las empresas deben tener políticas claras y transparentes sobre cómo manejan los datos personales de sus clientes y deben asegurarse de que los empleados estén capacitados y cumplan con estas políticas. El incumplimiento de la normativa de protección de datos y privacidad puede tener consecuencias graves, incluyendo multas y pérdida de confianza de los clientes.

Política de cookies

Las cookies son pequeños archivos de texto que se descargan en el dispositivo del usuario cuando visita un sitio web. Estas cookies se utilizan para recordar preferencias y para mejorar la experiencia del usuario. Es importante que los usuarios de una tienda online sean conscientes de las cookies que se utilizan y cómo se utilizan.

La política de cookies debe estar claramente visible en la tienda online. Es necesario incluir una sección en la página de privacidad o en el aviso legal donde se explique qué cookies se utilizan y cómo se utilizan. También es importante que los usuarios tengan la opción de aceptar o rechazar las cookies.

Las cookies son una herramienta esencial para muchas tiendas online. Se utilizan para mantener la sesión iniciada, para recordar las preferencias de los usuarios, para ofrecer publicidad personalizada y para mejorar la experiencia de compra en general. Sin embargo, es importante que los usuarios sean conscientes de que se utilizan cookies y de cómo se utilizan.

Es fundamental que las tiendas online cuenten con plugins o herramientas para la gestión de cookies, que permitan a los usuarios aceptar o rechazar las cookies y que se adapten a las normativas en materia de protección de datos.

En España, la normativa que regula el uso de cookies en las páginas web y, por tanto, en las tiendas online, es la Ley de Servicios de la Sociedad de la Información y de Comercio Electrónico (LSSICE) y la Ley Orgánica de Protección de Datos y Garantía de Derechos Digitales (LOPDGDD), ambas en consonancia con el Reglamento General de Protección de Datos (RGPD) de la Unión Europea.

La LSSICE establece la obligación de informar a los usuarios sobre la utilización de cookies y obtener su consentimiento previo y expreso para ello. Además, se deben informar sobre la finalidad de las cookies, su duración y quiénes las utilizan.

Por otro lado, la LOPDGDD establece que las cookies son datos de carácter personal y que, por tanto, su tratamiento debe estar sujeto a las normas en materia de protección de datos personales.

Es importante destacar que el consentimiento que se debe obtener de los usuarios debe ser libre, específico, informado e inequívoco. Es decir, no se puede obtener de forma tácita ni mediante la aceptación de cláusulas genéricas o mediante la navegación por la página.

Para cumplir con la normativa de cookies, en una tienda online se recomienda informar sobre el uso de cookies en un banner visible en la página web, incluyendo un enlace a la política de cookies. Esta política de cookies debe explicar de manera clara y sencilla qué son las cookies, para qué se utilizan, quién las utiliza, su duración y cómo el usuario puede configurarlas o desactivarlas.

CAPÍTULO 56
NORMATIVA DE COMERCIO ELECTRÓNICO

El comercio electrónico es un sector en constante crecimiento, y su importancia se ha visto aún más acentuada durante los últimos años. Como es lógico, este auge también ha implicado un mayor control y regulación por parte de los organismos encargados de velar por la protección de los consumidores. En este sentido, resulta imprescindible que cualquier tienda online se ajuste a las normativas de comercio electrónico y que proporcione toda la información necesaria para que el cliente esté informado acerca de sus derechos y de las características del proceso de compra.

En este punto, se abordarán los aspectos fundamentales de las normativas del comercio electrónico en España y las obligaciones que deben cumplir los negocios en línea.

Normativa de comercio electrónico en España

La normativa de comercio electrónico en España se encuentra recogida en varias leyes. A continuación, se desglosan las más importantes:

- Ley 34/2002, de Servicios de la Sociedad de la Información y Comercio Electrónico (LSSICE). Esta ley regula las obligaciones de las empresas que ofrecen servicios a través de Internet y su actividad en línea. Entre otras cosas, establece la obligatoriedad de ofrecer determinada información en la página web de la empresa (como el nombre y datos de contacto, el número de identificación fiscal, etc.), y regula el envío de comunicaciones comerciales por medios electrónicos.

- Ley 3/2014, por la que se modifica el Texto Refundido de la Ley General para la Defensa de los Consumidores y Usuarios y otras leyes complementarias (TRLGDCU). Esta ley se refiere a las obligaciones de los comerciantes respecto a los consumidores. Entre otras cosas, establece que se deben informar de forma clara y precisa acerca de las características del producto, el precio y los gastos de envío, y que el cliente debe tener derecho a desistir de la compra durante un plazo determinado.

- Reglamento General de Protección de Datos (RGPD). Aunque no se trata de una ley específica de comercio electrónico, es de obligado cumplimiento para cualquier empresa que trate datos personales. La RGPD establece una serie de obligaciones que los negocios deben cumplir para garantizar la privacidad y protección de los datos de los clientes.

Entre las obligaciones que deben cumplir las empresas en España, destacan las siguientes:

- Información precontractual: las empresas deben proporcionar información clara, comprensible y fácilmente accesible sobre los productos o servicios que ofrecen, así como sobre sus características, precios, formas de pago, envío, plazos de entrega, garantías, etc.

- Identificación de la empresa: es obligatorio que la empresa proporcione información sobre su denominación social, número de identificación fiscal, dirección postal, correo electrónico, etc.

- Condiciones generales de contratación: las empresas deben redactar unas condiciones generales de contratación que deben ser aceptadas por el consumidor antes de formalizar la compra.

- Derecho de desistimiento: los consumidores tienen derecho a desistir de la compra realizada en un plazo de 14 días naturales a partir de la recepción del producto, sin necesidad de justificar su decisión ni de asumir penalización alguna.
- Garantía: Ofrecer una garantía legal de dos años en todos los productos que se vendan a través de la tienda online.
- Facturación y archivo: las empresas deben emitir una factura por cada venta realizada y conservarla durante un plazo mínimo de 5 años.
- Protección de datos: las empresas deben cumplir con la normativa de protección de datos personales y garantizar la privacidad y confidencialidad de los datos de sus clientes.

En caso de incumplimiento de estas obligaciones, las empresas pueden ser sancionadas con multas que pueden llegar a los 150.000 euros, dependiendo de la gravedad de la infracción.

En cuanto a la normativa aplicable en otros países de habla hispana, es importante mencionar que cada país tiene sus propias leyes y regulaciones en materia de comercio electrónico, por lo que es necesario informarse sobre las particularidades de cada uno antes de comenzar a vender en línea.

CAPÍTULO 57
SEGURIDAD DE LA TIENDA ONLINE Y DE LOS DATOS DE LOS CLIENTES

La seguridad de una tienda online es un aspecto fundamental para garantizar la protección de los datos de los clientes y la integridad de la tienda en sí. En los últimos años, los casos de ciberataques a tiendas online se han incrementado, por lo que es importante contar con las medidas de seguridad adecuadas.

Aunque puede haber muchas formas de proteger una tienda online, es importante tener en cuenta las siguientes medidas de seguridad para evitar posibles riesgos y proteger la privacidad de los clientes:

- Certificado SSL: es una tecnología de seguridad que encripta los datos que se transmiten entre el navegador y el servidor de la tienda online. Esto significa que cualquier información que se intercambie entre el cliente y la tienda se mantendrá segura y protegida de posibles ataques externos.

- Actualización regular de software: como ya hemos hablado, es importante mantener el software de la tienda online actualizado para evitar posibles vulnerabilidades y protegerla de posibles ataques cibernéticos. Las actualizaciones pueden incluir mejoras de seguridad y corrección de errores.

- Contraseñas seguras: se deben usar contraseñas seguras que incluyan letras mayúsculas y minúsculas, números y símbolos

- para evitar posibles ataques de fuerza bruta. Es importante también asegurarse de que los empleados de la tienda online usen contraseñas seguras y que las cambien con regularidad.

- Copias de seguridad: es importante hacer copias de seguridad de la tienda online regularmente para garantizar que los datos de la tienda estén protegidos en caso de algún error o ataque externo.

- Control de acceso: se debe asegurar que solo los empleados autorizados tengan acceso a la tienda online. Esto puede incluir la implementación de contraseñas y autenticación de dos factores.

Además de estas medidas, existen herramientas y servicios que pueden ayudar a proteger la tienda online y los datos de los clientes, como por ejemplo:

- Antivirus: Existen programas de antivirus que pueden detectar y eliminar virus y malware que puedan afectar a la tienda online.

- Firewall: Un firewall es un programa que se encarga de filtrar el tráfico que llega a la tienda online y bloquear el acceso a aquellos que no son seguros.

- Servicio de detección de intrusiones: Este tipo de servicio se encarga de detectar y alertar sobre posibles intentos de intrusión en la tienda online.

Afortunadamente, existen herramientas y plugins para WordPress que le permiten proteger su sitio web y mantener la seguridad de su tienda en línea. Algunas de las más populares son:

- Wordfence: Es uno de los plugins gratuitos de seguridad más utilizados. Ofrece un firewall de aplicaciones web, detección de malware y ataques en tiempo real, escaneo de vulnerabilidades, y mucho más. Wordfence también tiene una versión premium que incluye características adicionales como análisis de seguridad programados, bloqueo de IPs, y soporte prioritario.

Figura 57.1 Wordfence tiene una versión gratuita que se puede encontrar en el respositorio de plugins de Wordpress

- Sucuri Security: Otra herramienta muy popular para WordPress, Sucuri ofrece un conjunto completo de herramientas de seguridad, incluyendo un firewall de aplicaciones web, monitoreo de seguridad 24/7, escaneo de malware, y limpieza de infecciones de sitio. También tiene una herramienta de detección de intrusiones (IDS) que monitorea el tráfico web en busca de posibles amenazas.

- iThemes Security: Anteriormente conocido como Better WP Security, iThemes Security es un plugin de seguridad para WordPress que ofrece más de 30 maneras de proteger su sitio web. Algunas de sus características incluyen escaneos de seguridad programados, detección de intentos de inicio de sesión, bloqueo de IPs, y protección de fuerza bruta.

Estos son solo algunos ejemplos de herramientas y plugins de seguridad para WordPress. Es importante recordar que ninguna herramienta puede garantizar la seguridad completa, pero utilizar una combinación de varias herramientas puede ayudar a mejorar significativamente la seguridad de su sitio web.

PARTE 13: RECOMENDACIONES FINALES

CAPÍTULO 58
CONSEJOS PARA EL ÉXITO DE LA TIENDA ONLINE

En este punto final del libro, se presentarán una serie de recomendaciones y consejos que ayudarán a asegurar el éxito de una tienda online. Estos consejos han sido recopilados a partir de la experiencia y las mejores prácticas de profesionales en el campo del comercio electrónico.

- Identificar y satisfacer las necesidades de los clientes: Es importante tener en cuenta que el objetivo de una tienda online es satisfacer las necesidades de los clientes. Por lo tanto, es importante conocer las necesidades y preferencias de los clientes y ofrecer productos y servicios que satisfagan esas necesidades. La experiencia del cliente debe ser la principal prioridad.

- Ofrecer una buena experiencia de usuario: Es fundamental que la tienda online sea fácil de usar, rápida y esté bien organizada. La navegación debe ser intuitiva, la información clara y accesible, y la compra debe ser rápida y sencilla. Los usuarios deben sentirse cómodos y seguros en la tienda online.

- Mantener una buena relación con los clientes: Es importante mantener una comunicación fluida con los clientes, responder a sus preguntas y preocupaciones, y asegurarse de que estén satisfechos con sus compras. Esto puede lograrse mediante el uso de chat en vivo, correo electrónico, teléfono o redes sociales.

- Mantener la tienda online actualizada: Es importante mantener la tienda online actualizada en términos de productos, precios, promociones, etc. Esto ayuda a mantener el interés de los clientes y a mejorar la visibilidad de la tienda en los motores de búsqueda.

- Optimizar la tienda online para los motores de búsqueda: La optimización de la tienda online para los motores de búsqueda es fundamental para atraer tráfico orgánico y aumentar la visibilidad de la tienda en línea. Esto se puede lograr mediante la optimización de palabras clave, la creación de contenido de calidad y la mejora de la estructura de la página web.

- Utilizar las redes sociales para promocionar la tienda online: Las redes sociales son una herramienta valiosa para la promoción de la tienda online. Es importante elegir las plataformas de redes sociales adecuadas para el público objetivo y utilizarlas para promocionar productos, compartir noticias y promociones y fomentar la interacción con los clientes.

- Ofrecer opciones de pago seguras y variadas: Es importante ofrecer opciones de pago seguras y variadas para que los clientes puedan elegir la que mejor se adapte a sus necesidades. Las opciones de pago deben ser sencillas y seguras, y adaptadas a las preferencias del cliente.

- Mantener la seguridad de la tienda online: La seguridad de la tienda online es fundamental para proteger los datos de los clientes y la información sensible. Se deben utilizar herramientas y plugins de seguridad, actualizar regularmente la tienda online y tener en cuenta las mejores prácticas de seguridad en línea.

- Evaluar y analizar regularmente el rendimiento de la tienda online: Es importante evaluar y analizar regularmente el rendimiento de la tienda online para identificar áreas de mejora y oportunidades de crecimiento. Esto se puede lograr mediante el uso de herramientas de análisis y seguimiento de datos, como Google Analytics.

- Aprender y mantenerse actualizado en las tendencias y mejores prácticas del comercio electrónico: El comercio electrónico es un campo en constante evolución.

CAPÍTULO 59
RECOMENDACIONES PARA MANTENERSE
ACTUALIZADO

El comercio electrónico es una industria en constante evolución, y para tener éxito en este campo, es importante estar siempre actualizado y adaptarse a los cambios. Aquí se comentan algunas recomendaciones para mantenerse actualizado y competitivo en el mundo de las tiendas online:

- Manténgase al día con las tendencias del comercio electrónico: Es importante estar al tanto de las tendencias y las novedades en el mundo del comercio electrónico. Los cambios en el comportamiento del consumidor y en las tecnologías emergentes pueden tener un impacto significativo en el éxito de su negocio. Para mantenerse actualizado, le recomendamos suscribirse a publicaciones especializadas, asistir a eventos y ferias de comercio electrónico y participar en foros en línea.

- Siga de cerca a sus competidores: Es importante monitorear a sus competidores para ver qué están haciendo bien y qué no están haciendo. Esto le ayudará a identificar oportunidades para mejorar y diferenciarse de sus competidores. Siga a sus competidores en las redes sociales y en sus sitios web, y considere utilizar herramientas de análisis de la competencia para obtener información.

- Escuche a sus clientes: Sus clientes son la razón por la que está en el negocio, por lo que es importante escuchar sus necesidades y opiniones. Utilice encuestas, comentarios y reseñas de clientes para obtener información sobre cómo mejorar su experiencia de compra en línea. Además, asegúrese de responder a las preguntas y consultas de los clientes de manera oportuna y profesional.

- Mantenga su sitio web actualizado: Mantener su sitio web actualizado es importante tanto para la experiencia del usuario como para el posicionamiento en los motores de búsqueda. Actualice regularmente su contenido, promociones y ofertas especiales para mantener a sus clientes comprometidos y regresando. Además, asegúrese de que su sitio sea compatible con dispositivos móviles.

- Mantenga sus políticas actualizadas: Las políticas de su tienda en línea son importantes para establecer expectativas claras con sus clientes y proteger su negocio. Asegúrese de que sus políticas sean claras y fáciles de entender, y manténgalas actualizadas según sea necesario. Esto incluye políticas de envío, devoluciones, privacidad y seguridad.

- Invierta en publicidad y marketing: Para atraer a nuevos clientes y mantener a los actuales, es importante invertir en publicidad y marketing. Utilice las redes sociales, correo electrónico, publicidad en línea y otros métodos de marketing para llegar a su audiencia objetivo. Asegúrese de medir y analizar los resultados de sus esfuerzos de marketing para mejorar y ajustar su estrategia según sea necesario.

- Manténgase seguro y protegido: La seguridad y la privacidad son una preocupación importante en el mundo del comercio electrónico. Asegúrese de que su sitio web esté protegido con certificados SSL, y utilice soluciones de seguridad y protección contra el fraude. Además, asegúrese de cumplir con las leyes y regulaciones de privacidad y protección de datos, y de proteger la información confidencial de sus clientes.

- Sé parte de comunidades online: Existen muchas comunidades online de comercio electrónico en las que los profesionales pueden conectarse, compartir conocimientos y discutir sobre las últimas tendencias y técnicas. Algunas de estas comunidades incluyen foros, grupos de Facebook, Discord y Reddit. Participar en estas comunidades puede ser una excelente manera de obtener información y mantenerse actualizado.

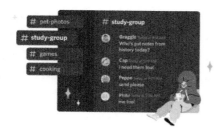

Figura 59.1 Discord es una plataforma en línea que permite a los usuarios chatear y compartir contenido en grupos.

233

- Participa en eventos y conferencias: Asistir a eventos y conferencias relacionados con el comercio electrónico puede ser una excelente manera de mantenerse al día con las últimas tendencias, herramientas y técnicas. Estos eventos ofrecen una gran oportunidad para conectarse con otros profesionales del sector, intercambiar conocimientos y aprender de los expertos del campo.

- Seguimiento de blogs y sitios web de comercio electrónico: Existen muchos blogs y sitios web dedicados al comercio electrónico que publican artículos y noticias relacionados con las últimas tendencias y técnicas. Algunos de estos sitios incluyen Shopify, WooCommerce, Prestashop, entre otros. Suscribirse a estos sitios y leer sus publicaciones regularmente puede ser una excelente manera de mantenerse al día con las últimas noticias y tendencias del sector.

- Seguimiento de líderes del sector en las redes sociales: Las redes sociales son una excelente manera de mantenerse actualizado sobre las últimas tendencias y noticias del comercio electrónico. Sigue a líderes del sector en las redes sociales, como Youtube, Twitter, LinkedIn e Instagram. Estos expertos a menudo publican sobre temas relevantes y pueden proporcionar información sobre las últimas tendencias y técnicas.

- Experimenta con nuevas herramientas y técnicas: El mundo del comercio electrónico está en constante evolución, y siempre hay nuevas herramientas y técnicas que pueden ayudarte a mejorar tu tienda online. Experimenta con nuevas herramientas y técnicas, pero asegúrate de medir los resultados y determinar si son efectivos antes de implementarlos por completo. Youtube es un lugar perfecto para encontrar noticias del sector, con ejemplos y videotutoriales donde aprender cosas nuevas.

- Mantén un enfoque en la satisfacción del cliente: La satisfacción del cliente es clave para el éxito de cualquier tienda online. Asegúrate de que tus clientes estén satisfechos con la experiencia de compra y ofrece un excelente servicio al cliente en caso de que surjan problemas.

CAPÍTULO 60
CONCLUSIONES

En conclusión, el comercio electrónico ha evolucionado rápidamente en los últimos años y se ha convertido en una herramienta indispensable para cualquier empresa que busque aumentar sus ventas y mejorar la experiencia de sus clientes. La creación de una tienda en línea es un proceso complejo que requiere una planificación cuidadosa y una estrategia bien definida, pero los beneficios potenciales son enormes.

Es importante tener en cuenta que, a pesar de la importancia de la tecnología en el comercio electrónico, la clave del éxito radica en la experiencia del cliente. La satisfacción del cliente es la máxima prioridad, y las empresas que se centran en proporcionar una experiencia excepcional a sus clientes son las que tendrán éxito en el largo plazo.

A lo largo de este libro, hemos explorado una variedad de temas y estrategias para ayudarte a crear y gestionar una tienda en línea. Desde la planificación inicial y la selección de la plataforma hasta la promoción y el mantenimiento de la tienda, hemos proporcionado una guía detallada para cada paso del proceso.

Además, hemos cubierto las mejores prácticas para la optimización de motores de búsqueda, la promoción de la tienda en línea a través de diferentes canales de marketing, el seguimiento y análisis de las estadísticas de la tienda, y la mejora constante de la experiencia del cliente.

También hemos hablado sobre la importancia de cumplir con las normativas de protección de datos y privacidad, y cómo mantener la seguridad de la tienda en línea y de los datos de los clientes.

Por último, hemos destacado la importancia de mantenerse actualizado en el mundo del comercio electrónico a través de la educación continua y la investigación de las últimas tendencias y tecnologías, además de los temas legales que cualquier tienda online debe cumplir.

BIBLIOGRAFÍA

- SEO: Las principales estrategias SEO a dominar el mercado. Jonathan S. Walker. 2017

- Google Analytics. Mide y Vencerás. Iñaki Gorostiza Esquerdeiro. 2016

- 101 Consejos y Estrategias de Facebook Marketing Para Tu Empresa. Lasse Rouhiainen. 2016

- Marketing digital. Isra García, Víctor Ronco Viladot, Aitor Contreras Navarro, Alejandro Rubio Navalón, Oscar Valdelvira Gimeno. 2018

- Como monetizar Redes Sociales. Pedro Rojas Aguado. 2018

- Google AdWords: Trucos y estrategias para el éxito. Enrique Del Valle de la Villa. 2016

- Marketing Digital. Mobile Marketing, SEO y Analítica Web. Jose María Estrade Nieto, David Jordán Soro, María Ángeles Hernández Dauder. 2017

- Neurocopywriting La ciencia detrás de los textos persuasivos: Aprende a escribir para persuadir y vender a la mente. Rosa Morel. 2018

- Marketing digital: Publicidad con Google AdWords. Edson D Cisneros Canlla. 2016

- Reglamento General de Protección de Datos (RGPD): Todo lo que debes saber sobre la LOPD y la adaptación al nuevo reglamento RGPD. María Dolores Granados Bayona, Carolina Sánchez Manso. 2018

- Crear una Web en WordPress: Todo lo que debes saber para crear tu própia Web en WordPress. Daniel Regidor. 2018

- Google Tag Manager. Mide y Vencerás. 2017

- Tu tienda online con WordPress y Amazon: Guia práctica paso a paso para crear una tienda virtual y empezar a ganar dinero. Marta Fedriani. 2015

- SEO. Las claves esenciales. Aleyda Solis. 2016

Printed in Great Britain
by Amazon

19100565R00147